新媒体营销系列

新媒体主播定位与管理

IMS（天下秀）新媒体商业集团　编著

U0274773

清华大学出版社
北京

内容简介

直播行业爆发式的发展，让越来越多的人成为网络主播。作为一个新主播，确认自己的类别和价值，运用正确的运营方式，快速打造具有个人特色的主播IP是快速变现的前提。

本书采用"理论+案例"的教学模式，讲解主播定位与管理的相关知识点。一共分为7章，分别是经纪人概述、主播经纪人、主播的经纪机构、主播的分类与价值、主播运营、主播IP化、相关法律法规。每个章节围绕一个知识主体，设置细分知识内容和若干个配套案例。通过运用课堂讨论、案例分析等教学方法，注重知识的理解和灵活运用，进行"参与式"和"合作式"的课堂教学，旨在提升学生的相关知识储备，养成相关行业素养，提升学生的沟通交流能力、独立思考能力、与现实相对应的联想能力和创新能力。另外，本书还赠送课程标准、授课大纲、讲义、PPT课件以及测试题，以便读者学习和教师授课。

本书结构清晰、由简到难，图片精美实用、分解详细，文字阐述通俗易懂，与实践结合非常密切，具有很强的实用性。适合各种大中专院校、中高职电子商务新媒体专业的学生使用。

图书在版编目（CIP）数据

新媒体主播定位与管理 / IMS（天下秀）新媒体商业集团编著. —北京：清华大学出版社，2022.6

（新媒体营销系列）

ISBN 978-7-302-60813-4

Ⅰ.①新…　Ⅱ.①Ｉ…　Ⅲ.①传播媒介－运营管理　Ⅳ.①G206.2

中国版本图书馆CIP数据核字（2022）第080060号

责任编辑：张　　敏
封面设计：郭二鹏
责任校对：胡伟民
责任印制：杨　　艳

出版发行：清华大学出版社

　　　　网　　　　址：http://www.tup.com.cn，http://www.wqbook.com
　　　　地　　　　址：北京清华大学学研大厦A座　　邮　　编：100084
　　　　社　总　机：010-83470000　　邮　　购：010-62786544
　　　　投稿与读者服务：010-62776969，c-service@tup.tsinghua.edu.cn
　　　　质　量　反　馈：010-62772015，zhiliang@tup.tsinghua.edu.cn
　　　　课　件　下　载：http://www.tup.com.cn，010-83470236
印　装　者：小森印刷（北京）有限公司
经　　　销：全国新华书店
开　　　本：170mm×240mm　　印　张：10　　字　数：298千字
版　　　次：2022年8月第1版　　印　次：2022年8月第1次印刷
定　　　价：59.80元

产品编号：097375-01

编委会名单

编　著　者： IMS（天下秀）新媒体商业集团

编委会成员（排名不分先后）：

前言
PREFACE

随着移动互联网技术的发展，从流量经济转变成信任经济，未来的商业模式是基于人而非产品，换句话说，我们的思维必须从产品思维进化到用户思维。

随着新媒体行业的发展，越来越多的人加入了网络直播的阵营，主播之间的竞争也越来越激烈，作为一名籍籍无名的主播，如何脱颖而出，如何让自己的直播间留下忠诚观众，如何让自己的直播间拥有商业价值并获得收益呢？作为主播经纪人和主播经纪机构（MCN），如何挖掘主播优势并快速扩大优势，打造出一个超级主播 IP 呢？如何确保合规合法持续获得更大的经济利益？都应是主播和主播运营机构应该了解并掌握的内容。

本教材内容

本教材共 7 章：第 1 章 经纪人概述；第 2 章 主播经纪人；第 3 章 主播的经纪机构；第 4 章 主播的分类与价值；第 5 章 主播运营；第 6 章 主播 IP 化；第 7 章 相关法律法规。

本书中的每个章节围绕一个知识主体，设置细分知识内容和若干个配套案例。通过运用课堂讨论、案例分析等教学方法，注重知识的理解和灵活运用，进行"参与式"和"合作式"的课堂教学，旨在提升学生的相关知识储备，养成相关行业素养，提升学生的沟通交流能力、独立思考能力、与现实相对应的联想能力和创新能力。

不同章节设置的知识主体逐层递进，依据互联网营销、电子商务、社会化新媒体项目策划、产品经理和选品策划员等相关岗位所需要的行业基础知识和能力要求而设置，以主播经纪人、主播运营和主播 IP 化为载体，充分考虑学生应具有的相关理论知识，构建课程的理论教学内容。同时根据不同的理论教学内容，有针对性地加入实际案例分析，在实践中强化相关理论知识，为之后的课程学习和相关工作打好基础。

本教材特点

本教材采用"理论+案例"的教学模式，在理论学习中指导实践，用真实案例分析巩固知识，配合相应的课堂讨论，对所学知识进行巩固。同时，本教材还采用了趣味图片和多样的课堂教学形式，丰富课程内容，真正吸引学生投入课堂学习，强化教学效果。

另外，本教材还赠送授课大纲以及 PPT 课件，以便读者学习和教师授课，读者可根据个人需求扫描下方二维码下载使用。

授课大纲

PPT 课件

编者
2022 年 3 月

目录
CONTENTS

第1章　经纪人概述

经纪人是在商品生产和商品交换的过程中产生的，是商品生产和商品交换发展到一定阶段的产物，它随着科学技术和社会文明的发展而不断发展。在市场经济条件下，经纪人在提高市场效率、降低交易成本、加速商品和信息的流通和优化社会资源配置等方面发挥着重要的作用。随着我国社会主义市场经济体制的完善与发展，经纪人队伍日益发展壮大，已经成为促进社会主义市场经济发展的活跃力量。

本章将针对经纪人的基础知识进行讲解，帮助学生了解经纪人的概念、特征和分类。掌握经纪人的收入来源以及经纪活动的作用以及经纪人的素质，熟知经纪人的组织形式和我国经纪人的发展过程。

1.1　经纪人的概念和特征

经纪人是指在经济活动中以收取佣金为目的，为促成他人交易而从事居间、行纪或者代理等经纪业务的自然人、法人和其他经济组织。经纪人是承担经营责任的经营者，是按国家要求纳税的纳税人。在社会主义市场经济高度发展的今天，提高经纪人的社会地位，更有利于经济的发展。

1.1.1　居间、行纪和代理

居间是介于委托人与合同相对人之间，接受委托人委托，向委托人提供订立合同的机会或者提供订立合同的媒介服务。行纪是接受委托人委托，以自己的名义同合同相对人订立合同，并承担规定的法律责任。代理指的是在受托权限内，以被代理人的名义从事活动，其法律责任由被代理人承担，其费用由被代理人支付。

这三种行为在名义、责任、与委托者的关系、对商品的控制程度、订立合同的过程和获取收入的名称上有很大的不同，下面逐一进行讲解。

1. 名义不同

居间和行纪一般都是以自己的名义对外进行活动，而代理则是以委托人的名义进行活动。

2. 责任不同

居间是居间人为交易双方提供交易信息及条件，在交易中起撮合成交的作用，因而活动中的权利与责任归交易双方当事人；行纪是行纪人在接受委托人的委托后，以自己的名义与第三方进行交易，活动中的权利与责任归行纪人自己；代理则是代理人以被代理人的名义进行活动，活动中产生的权利和责任归被代理人。

3. 与委托者的关系不同

居间人与当事人没有固定的关系，业务也大多是一事一议，多为一次性业务往来，而且当事人也可以同时与第三者发生直接关系；行纪人和代理人在一定时间内都与当事人有着较为固定的关系，委托人在与行纪人、代理人签订合同后，就不能再与第三者发生直接关系。

4. 对商品的控制程度不同

居间人不拥有商品，也无权对商品的价格、销售条件做调整；行纪人一般可以拥有商品，但无权对商品的价格等进行调整；代理人则根据不同的协议，既可以实际拥有商品，也可以不拥有商品，并且还可以对商品的价格等做一些调整。

5. 订立合同的过程不同

居间活动不管是谁首先提出要约，均须三方协商才能达成协议，即交易双方订立合同的过程都离不开居间人从中进行活动；通常，行纪人或代理人进行一项具体的交易，都是由委托人首先提出要约，然后由行纪人或代理人表示承诺，或提出新要约，最后经过当事人双方意思表示一致，达成协议。

6. 获取收入的名称不同

经纪人获取的收入，统一的法定名称叫佣金，但在日常经纪活动中，人们都习惯地把经纪业务中居间人获取的收入称为佣金，把行纪人、代理人在行纪、代理活动中获得的收入称为代理费或服务费、手续费等，不称作佣金。

1.1.2 经纪人的特征

从经纪人的行为来看，经纪人是独立的，主要以佣金方式获取财富，以自己掌握的信息为基础，以取得委托方和相关方信任为条件。经纪人具有以下几点特征。

1. 是促进供需双方达成交易的中间服务人

经纪人是根据委托人的要求，为委托人同相关方建立某种民事法律关系提供服务，并不代理委托人具体实施这一民事关系，是委托方与相关方建立民事关系的中间服务人。

2. 不承担交易风险责任

通常经纪人只是协助委托方与相关方签订合同，使双方建立一种民事关系。在这种居间活动中经纪人只是提供信息及相关服务。委托方与相关方的合同内容约定则由合同双方自行协商。因此，对于委托方与相关方签订的合同，经纪人不用承担任何风险责任。但是，经纪人需要承担经纪服务的责任。在经纪活动过程中要严格按委托方的要求在其委托范围内活动，要提供真实的信息。

3. 是具有独立民事行为能力的经营者

经纪人必然由具体的经纪行为人来完成，无论是作为个体经纪人还是法人经纪人从事经纪活动。由于经纪行为人需要对经纪行为产生的后果承担相应的民事责任，所以经纪人必须具有承担民事责任的能力。个人经纪人必须年满18周岁，具备独立承担民事责任的能力。一切限制行为能力的人，如保外就医人员或未成年人等均不得从事经纪业务。法人经纪人必须经工商行政管理部门注册登记，领取营业执照，才能获得从事经纪活动的合法主体资格。

随着经纪人行业的发展，经纪人不仅仅是在委托方和相关方之间提供信息获取佣金的经纪模式，还是将经纪活动作为一个经营项目来管理。经纪人根据自身的特点和专长积极主动地选择委托方，给委托方提供更多的经纪产品，满足委托方的需求。经纪人从经纪项目的经营中获取利益，按国家规定纳税，已成为中间经济领域中的经营者。

4. 佣金是主要的经营收入

佣金是经纪人将自己掌握的信息和经纪活动技巧出售给委托方而获取的利益，是经纪人经营收入的主要形式。随着经纪人的发展和经济市场的需要，经纪人经营的收入不仅仅是佣金收入，还有经纪活动的有关费用、委托方的奖励或赠予等。如个体演出经纪人，其主要收入是佣金，但演员为了激励经纪人为其服务，一般在盈利情况下都有一定的提成。对于一些经纪活动比较复杂、市场周期比较长的服务，委托方会支付给经纪人一定的运作费用或广告费用。

1.2 经纪人的分类

按经纪人经纪商品的不同可以将经纪人划分为现货经纪人、期货经纪人、证券经纪人、保险经纪人、房地产经纪人、知识产权经纪人和文化经纪人，如图 1-1 所示。

图 1-1 经纪人的分类

1. 现货经纪人

现货交易是指在约定的时限内实现商品实体和款项交割的商品交易方式，是商品交易活动中最基础、最原始的交易形式。现货经纪人是指在现货交易市场中，以收取佣金为目的，从事媒介现货交易活动的自然人、法人或其他经济组织。

现货经纪人的服务范围包括提供市场供求信息和交易机会；寻找合适的交易对象，并负责组织双方进行洽谈；配合和监督经纪合同的执行。我国现货经纪人发展迅速，不仅从业人员的数量激增，经纪机构的规模越来越壮大，而且经纪人的服务范围和活动形式也都有了极大的发展。

现货交易是商品市场中的基本交易形式，涉及范围较为广泛，从普通的衣、食、住、行到企业的生产活动以及整个国家的经济活动所需的生产、生活资料，都是现货交易中的具体内容。这就要求现货经纪人要具有较全面的商品知识，能够准确把握各种商品的特点，针对不同的商品类别和特性进行经纪活动。

由于现货交易市场中涉及的商品门类众多，从业人员众多，每个人都有可能专职或者兼职从事经纪活动，这就使得现货经纪人成分比较复杂。而且由于现货交易是市场中最常见、最普遍的交易方式，所以，从事媒介现货交易的现货经纪人在经纪行业中所占的比例也比较大。另外，由于现货交易与其他交易相比交易风险较小，因此，现货经纪人的成交量在经纪市场中所占的比重较大。

综上所述，现货经纪人作为现货交易市场中的中坚力量，具有商品知识全面、成分复杂和成交量较大等特点。

从本质上说，现货经纪人在交易活动中起着促使产品转化为商品或加速商品流通的职能。具体来讲，现货经纪人在交易活动中为交易双方提供咨询、信息服务，并在交易中充当媒介桥梁。从生产、流通和消费三个环节来看，现货经纪人的活动大大缩短了厂商采购原材料和销售产品的时间，加速了预付资本的周转，从而极大地促进了生产和流通的发展。现货经纪人的活动还有助于消费信息的快速传播，极大地推动了消费模式的转变。

2. 期货经纪人

期货交易是指在期货市场中进行的买卖标准化合约的交易活动，如图 1-2 所示。期货市场由交易所、经纪行和结算所三部分组成。期货交易所是期货交易的唯一场所，只支持注册会员交易，很多不具备交易资格的人，只能通过委托会员代理进行交易。于是，就诞生了专门接受委托，代理客户进行期货交易，并收取佣金的期货经纪人。这些经纪人又共同组成了经纪行，他们是联结客户与交易所的桥梁。

期货交易是在现货交易基础上发展起来的一种商品交易形式。期货交易不仅具有较大的风险性，同时还具有较强的专业性。

期货经纪人在交易活动中以自己的名义买卖

图 1-2 期货交易

期货合约，一旦发生交易纠纷，期货经纪人直接承担相应的法律责任。本质上讲是一种行纪活动。由于期货行业的复杂性和高风险性，所以从事期货经纪业务的人员都具有较高的素质修养，不仅要具有高智商和较强的业务能力，还要具有一定的心理承受能力和应对风险的能力。

3. 证券经纪人

证券经纪人一般是指在证券流通市场，以收取佣金为目的，从事媒介证券买卖活动的中介人。证券经纪人的主要任务是为委托方以可接受的最低价买进或以可接受的最高价卖出有价证券，其中介服务既包括为客户提供撮合交易的具体操作，也包括向客户提供投资理财分析与建议。从证券经纪人为客户提供的中介服务来看，证券经纪人的服务范围包括为委托人提供证券信息、咨询服务，并提供专业的证券分析；为委托人设计投资组合，并负责进行风险管理；代理进行证券买卖活动；负责委托人的保证金管理。

证券经纪人是证券市场中交易的桥梁，一方面他们是证券买卖的中介，另一方面又代理投资者进行交易。证券经纪人所从事的证券经纪活动在很大程度上属于行纪活动，即接受客户的委托在证券市场上以自己的名义进行证券买卖活动。

由于我国证券市场是不允许个人直接从事证券经纪业务的，因此，我国证券经纪市场中的经纪人一般特指经纪组织，其基本形式为证券公司，如图1-3所示。而且证券经纪人所从事的经纪业务专业性强，风险性高，证券经纪人的收入缺乏保障，淘汰率也很高。

图1-3　证券公司

4. 保险经纪人

保险经纪人是指以投保人的利益为基础，为投保人与保险人订立保险合同提供中介服务，并依法收取经纪佣金的有限责任公司。我国的相关法律法规规定，保险经纪人只能是以经纪机构的形式从事经纪活动，不允许个人直接从事保险经纪活动。

保险经纪人所从事的经纪活动属于居间活动，保险经纪人是第三方，不属于保险合同任何一方的当事人；在从事保险经纪活动的过程中，保险经纪人为被保险人提供专业的技术服务；佣金是保险经纪人从事保险经纪活动的最终目的，保险经纪人在撮合成交后，将根据约定或相关规定获取一定的报酬。保险经纪人既可以为保险人推出的保险商品开拓市场，同时也可以利用自身的专业优势，帮助被保险人选择合适的保险产品，达到规避风险、实现收益最大化的目的。

保险经纪人一般都要精通保险、法律和金融等专业知识，具有较高的知识水平和业务素质。保险经纪人的佣金在表面上看来是由保险人支付的，但实际上已经包含在被保险人的保费中，因此在本质上与其他经纪人的佣金提取方式是相同的。

保险经纪人是投保人的代理人，应该站在投保人的立场上为投保人的利益服务；这也是保险经纪人与其他行业经纪人之间的一个重要区别。

课堂讨论： 试分析保险经纪人与保险公司的关系以及我国目前保险经纪人与保险公司的关系的不同。

5. 房地产经纪人

房地产经纪人是指在房产和地产市场中，以获取佣金为目的从事媒介交易服务的中介人。房地产市场与其他市场相比具有极大的特殊性：房地产市场中的商品具有非流动性、不可替代性；房地产交易既涉及产权关系，也涉及法律关系；另外，房地产交易的重复性差和较强的专业性都使得房地产市场中的交易具有独特性。

房地产商品不仅价值比较昂贵，品质也难以测定，因此，房地产交易具有专业性强、风险性高、涉及法律范围比较广泛的特点。由房地产交易的特点所决定，房地产经纪人具有以下特点：

由于房地产商品本身的非流动性和地方政策之间的差异性，房地产经纪人具有地域性。同时，房地产商品不仅涉及定价、评估，还涉及产权以及其他法律关系。这促使房地产经纪人必须要具有较广的知识面，熟悉房地产市场的交易规则和相关的政策、法规等。

在整个房地产市场运作的过程中，房地产经纪人发挥着重要的作用。房地产经纪人为客户提供的信息服务、交易指导以及政策、法律、技术咨询等活动，不仅为客户提供了方便，极大地活跃了我国的房地产市场，同时也有利于深化我国住房制度的改革，在客观上起到了规范房地产市场的重要作用。

🖊 **课堂讨论**：结合讲述房地产经纪的电视剧《安家》，阐述房地产经纪的业务范围，以及在整个房地产交易过程中起到的作用。

6. 知识产权经纪人

知识产权，又称知识权、无形权利或无形产权，包括专利权、商标权以及著作权等，是指依照本国法律所赋予发明创造人、作者等对自己的创造性智力劳动成果所享有的专有权利。知识产权包括公民和法人在这方面的人身权利和财产权利。

知识产权是一项特殊的产品，它不仅具有一般商品的特性，同时还涉及公民个人的人身权和财产权。知识产权经纪人是指在知识产权市场上为知识产权的申请、转让、许可和保护等活动中充当媒介的中介人。

知识产权经纪活动是一项既复杂又具有很强风险性的经纪活动。在知识产权经纪活动中，经纪人是联结供求双方的桥梁，在知识产权申请、转让、许可和保护活动中起着重要的作用。知识产权经纪人的出现极大地提高了委托人的智力成果转化的效率，大大减少了知识产权纠纷的发生，从而促进了知识产权市场的整体发展。其次，知识产权经纪活动能够有效地保护委托人的利益，规范知识产权市场，促进知识产权市场的健康有序发展。这在客观上起到了鼓励科学技术发明，促进科学技术发展的作用。

案例　专利经纪活动

专利经纪活动属于知识产权经纪活动中的一种，是知识产权经纪活动中比较典型的代表。

专利产品是一项特殊的产品，它不仅具有一般商品的特性，同时还涉及公民个人的人身权和财产权。专利代理是一项复杂、烦琐的经纪活动，在为专利产品进行代理的过程中，专利代理人应负的职责包括：提供专利事务方面的咨询；代写专利申请文件，办理专利申请；请求实质审查或者复审的有关事务；提出异议，请求宣告专利权无效的有关事务；办理专利申请权，专利权的转让以及专利权许可的有关事务；为委托人担任专利顾问；办理其他相关事务等。

从专利代理活动可以看出，专利代理机构是指接受委托人的委托，在委托权限范围内办理专利申请或者办理其他专利事务的服务机构。专利代理人是指持有专利代理人资格证书，为委托人提供专利代理服务并以收取佣金为目的的人员。

7. 文化经纪人

文化经纪人是指在演出、出版、娱乐和体育等文化市场上，以收取佣金为目的，为交易双方充当媒介的中介人，是经济水平发展到一定程度的产物。文化市场是指文化商品交易和流通的场所。文化市场包含的内容十分广泛，根据交易对象的不同，文化市场可以分为直播市场、演出市场、体育市场、美术市场、电影市场、图书市场以及文物市场等。

文化商品是一种特殊的商品，它要求文化产品经纪人具有一定的审美观和对时尚的观察力和把控能力。文化经纪人与其他经纪人的重要区别在于：文化经纪人与委托人之间的关系程度是文化经纪人开展业务的重要前提。

文化经纪人的出现是我国市场经济发展的产物，它不仅有利于对文化资源的整合和配置，同时也对我国文化市场的规范发展起到了重要的推动作用。

课堂讨论： 时下火爆的电子竞技产业中也有经纪人的身影，试分析电竞经纪人的经纪活动特点。

案例 著名的体育经纪人及成功案例

1. 卡瓦加尔

西班牙最著名的经纪人之一，早在 20 世纪 80 年代就开始进入足球圈，为皇家马德里带来多位大牌球星，劳尔、卡西利亚斯、萨尔加多和卡尼萨雷斯都是其麾下球员的代表人物，卡瓦加尔不光自己从事经纪人的行业，他的女儿阿兰茶·卡瓦加尔也在 2006 年获得了经纪人证书，这意味着卡瓦加尔不是一位经纪人的名字，而是一个经纪人家族的称呼。

旗下代表球员：劳尔

最成功案例：2005 年 1 月帮助莫伦特斯以 1189 万美元从皇家马德里转会到利物浦俱乐部。

2. 安德森

生于伦敦，从 20 世纪 80 年代开始就从事经纪人业务，与阿森纳关系极为密切，是枪手军团中很多球员的经纪人，被誉为海布里的"皇家经纪人"。很多球员在加盟到阿森纳后都将经纪人更换为安德森，其中包括希曼、伊恩·赖特、温特伯恩、博格坎普、珀蒂、维埃拉、亨利和杰弗斯等。此外，阿森纳历史上最伟大的队长亚当斯 12 年来一直是安德森的客户。正因为有多人加盟，安德森的"体育、娱乐和媒体公司"也是国际足坛仅有的 3 个上市的足球经纪公司之一。

旗下代表球员：亨利

最成功案例：2007 年 7 月帮助亨利以 2400 万欧元从阿森纳转会到巴塞罗那俱乐部，并签下年薪 900 万欧元的合同。

1.3 经纪人收入来源

佣金是经纪人收入的唯一来源，其性质是劳动收入、经营收入和风险收入的综合体。它是对经纪人开展经纪活动时付出的劳动、花费的资金和承担的风险的总的回报。国家保护经纪人从事合法经纪活动并取得佣金的权利。

图 1-4 经纪人的佣金

经纪人的佣金可分为法定佣金和自由佣金，如图 1-4 所示。法定佣金是指经纪人从事特定经纪业务时按照国家对特定经纪业务规定的佣金标准获得的佣金。法定佣金具有强制效力，当事人各方都必须接受，不得高于或低于法定佣金。自由佣金是指经纪人与委托人协商确定的佣金，自由佣金一经确定并写入合同后具有同样的法律效力，违约者必须承担违约责任。

除法律法规另有规定外，佣金的支付时间由经纪人与委托人自行约定，可以在经纪成功后支付，也可提前支付。经纪人在签订经纪合同时，应将佣金的数量、支付方式、支付期限及中介不成功时的中介费用的负担等明确写入合同。经纪人收取佣金时应当开具发票，并依法缴纳税金和行政管理费。经纪人为了防止佣金被"甩"，可以在签订合同时预收部分佣金或费用，也可与委托人签订"专有经纪合同"。

案例　朱婷的经纪人马克尔

马克尔是中国女排队长朱婷的经纪人，他的年收入与朱婷的收入是紧密相连的，根据朱婷和马克尔签订的合同来看，马克尔的工资是按照朱婷收入的提成来收取的，他可以拿到朱婷薪资的 12% 左右。

2018 年朱婷签约了土耳其瓦基弗银行俱乐部，当时俱乐部给她开的年薪是 150 万欧元，折成人民币大约在 1100 万元。但是国外的税收是比较高的，所以朱婷的年薪拿到手也只有 600 万元左右。按照这个比例算，马克尔可以在朱婷的身上挣到 70 万元左右。但是马克尔还签约了很多其他的球员，像埃格努、拉西奇和罗宾逊等排球名将都与马克尔有合同，所以马克尔的年收入是非常高的。

1.4　经纪活动的作用

经纪活动的作用集中表现在各种社会经济活动中的沟通和中介作用。经纪活动可以使交易双方预先掌握有关专业知识，减少双方信息沟通的时间，从而加快交易速度，避免不必要的交易无效，提高交易效率。经纪活动就是为交易双方互通信息、提供专项服务、受一方委托与另一方具体接触磋商的桥梁。在我国社会主义市场经济中，经纪活动的作用主要体现在以下几方面：

1. 传播经济信息

随着我国社会主义市场经济的发展，市场竞争日益加剧，企业的生产和经营面临众多的竞争对手，企业靠自身的能力很难掌握多种市场信息。通过经纪服务，企业可以把握有关商品的需求与生产信息，起到信息传播作用。

从事经纪活动的经纪人都是活跃在各个市场的专业人员，他们依靠自身的专业知识，借助中介组织的优势和有效的设备，有针对性地汇集和把握市场供需双方的信息。通过中介过程的实施，交易双方能够清晰地了解买卖商品的行情和有关信息。

2. 加速商品流通

由于从事经纪活动的经纪人常常能较系统和连续地掌握某类商品供求的有关信息，因此能准确地分析和判断商品的供求变化趋势。从事经纪活动的经纪人在各自的专业领域中不断实践，积累了丰富的交易经验和熟练的交易技巧。因此，在各个交易环节上，能够综合行情及价格走势，照顾各种交易因素，结合交易规则和法律法规的要求，及时地提出可行的分析和判断，熟练地办理烦琐和复杂的手续，帮助交易双方顺利通过各个交易环节，以合理的价格、最短的时间完成交易。

3. 优化资源配置

经纪活动最基本的作用是沟通供需双方，发挥信息传播，通过委托业务将有关产品竞争力的分析和判断传递给企业，从而为企业调整资源配置提供必要的依据和市场向导。同时，在经纪活动中，由于经纪人同客户之间"无连续性关系"的重要特征，因而经纪人是在市场上广泛的客户层中依据公认的竞争原则为买主寻找卖主，或为卖主寻找买主，这种顺应市场竞争规律的经纪活动过程，会引导企业等买卖双方将资源向合理的方向配置。可见，经纪服务能发挥优化资源配置的积极作用。

4.推动市场规范完善

经纪活动数量的增加和质量的提高，能大大增加商品交换的范围，加快商品交换的速度，增加商品交换的数量，进而促使市场更加活跃。同时，经纪活动的参与，有助于专业市场的发展，使市场结构不断完善；增加对市场信息的需求量；提高对信息的汇集、处理和传播的质量要求，从而在客观上推动了市场硬件和软件的现代化建设。

通过经纪活动，经纪人可以积累大量的交易经验并加以归纳整理，把握交易的规律性特点，通过企业的委托业务，影响企业在竞争中的行为从不规范转向规范。在市场管理部门规范化管理的指导下，经纪人通过自身的努力，通过中介组织的协调，充分发挥推动市场规范化的积极作用。

5.促进社会经济发展

在市场多样化且瞬息万变的今天，在相对过剩的买方市场时期，生产企业通过委托经纪活动来处理市场和交易问题，可以更加准确地把握市场机遇，及时、优质地解决生产以外的各种专业难题。经济活动能够降低企业生产的整体成本，增强企业的竞争力，促使整个社会的专业化水平大幅度提高，同时促进社会经济的快速发展。

1.5 经纪人的素质

素质是一个人在社会生活中思想与行为的具体表现。在社会上，素质一般定义为：一个人文化水平的高低；身体的健康程度；以及家族遗传于自己的惯性思维能力和对事物的洞察能力、管理能力和智商、情商层次高低以及与职业技能所达级别的综合体现。

人的素质包括自然素质、心理素质和文化素质，如图 1-5 所示。素质只是人的心理发展的生理条件，不能决定人的心理内容与发展水平，人的心理活动是在遗传素质与环境教育相结合中发展起来的。而人的素质一旦形成就具有内在的相对稳定的特征，所以，人的素质是以人的先天禀赋为基质，在后天环境和教育影响下形成并发展起来的内在的、相对稳定的身心组织结构及其质量水平。

对于经纪行业来说，经纪人的个人素质决定了经纪人的业务水平和经纪行业发展程度。随着现代科技水平、信息技术的快速发展和知识更新速度的加快，经纪行业对经纪人的素质要求也越来越高，这体现在经纪行业不仅要求经纪人具有高智商、良好的心理素质和熟练使用现代办公设备和掌握工作技巧，还要求经纪人具备较好的处理人际关系的能力和具有一定的关系管理智慧

图 1-5　人的素质

等。因此，经纪人的个人素质是经纪活动顺利开展的重要决定因素。下面分别从知识素质、心理素质、关系素质和道德素质四个方面来介绍经纪人应具备的基本素质。

1.5.1 经纪人的知识素质

知识素质是指人在先天禀赋的基础上通过教育和社会实践活动获得的智力方面的能力，是经纪人必须具备的基本素质之一。

经纪活动涉及面广，业务复杂，单一方面的知识很难适应经纪工作，这就要求经纪人必须具有广博的知识。经纪人应具备的知识素质可以大致概括为知识结构、沟通能力、观察能力、分析和预测能力，如图 1-6 所示。

在一定条件下，可以用知识考核和测智商的方法作为判断经纪人知识素质水平高低的一个途径。

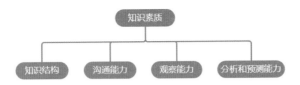

图 1-6　经纪人应具备的知识素质

1. 知识结构

知识结构是指具有内部联系和内在规律的学科知识框架。经纪人在媒介交易的过程中涉及的学科知识较多，包括市场营销知识、经济学知识、公共关系学知识、法律知识以及其他各种必要的自然和社会科学知识。因此，作为经纪人必须具有比较全面的学科知识。同时，经纪行业的细分又要求经纪人必须精通所经营的业务，了解行业发展的情况和趋势，并能够提供有效的专业咨询和做出准确的预判。

合理的知识结构应包括基础知识、专业知识和其他知识三部分内容。基础知识是从事经纪活动的前提条件，一般来说，接受过义务教育的人都应具备此项能力。此项能力是从事一些简单经纪活动的基础。

如果想从事证券、期货等需要专业知识的经纪活动，仅仅掌握基础知识是远远不够的，需要掌握更多的专业知识。专业知识是建立在基础知识基础之上的，是在市场和经纪活动实践基础上形成的具有专业特性、体现专业特点的知识，是进行经纪活动的必要条件。从学科角度来说，专业知识包括市场营销学知识、经济学知识、公共关系学知识、法学知识和信息学知识等。只有掌握这些专业知识，才能满足竞技主题生存和发展的需求。同时，专业经纪人还应掌握一些其他知识。例如，作为直播经纪人，由于直播行业的特性，直播经纪人一定要充分了解互联网新媒体以及直播的规定和禁忌等知识。

2. 沟通能力

经纪行业其实就是一个销售性质的行业，在进行经纪活动的过程中，经纪人需要频繁地与交易双方进行沟通和协调，这个过程是信息和知识的双向传播过程。在这个过程中，经纪人不仅要做到口齿清晰，用准确的语言表达出交易双方的意思；还要随机应变，善于运用语言的艺术掌控全局，及时化解经纪活动中出现的僵持和矛盾。较强的沟通能力是经纪活动中的催化剂，能够更好地促进经纪活动的开展，提升交易的成功率。

3. 观察能力

在经纪活动中，经纪人要时刻观察交易双方，了解双方的需求，并根据双方的需求进一步促进交易成功。观察的过程实际上是提炼信息、发现本质的过程，这里的信息既包含了有形的文字和数字等，也包含经纪人根据经验和交易双方的特点而得到的无形信息。观察能力是经纪人进行决策的重要前提，是进一步开展经纪活动的必要条件。

4. 分析和预测能力

经纪人在经纪活动中通过沟通和观察得到信息后，要通过自身的知识和经验对交易双方的情况以及市场的形式做出合理的分析和预测，以此作为开展经纪活动的基础。分析和预测能力是建立在经纪人的知识结构、沟通表达能力和观察能力基础上的知识运用和知识创新。

1.5.2　经纪人的心理素质

心理素质是人的整体素质的组成部分，是以生理素质为基础，在实践活动中通过主体与客体的相互作用，而逐步发展和形成的心理潜能、能量、特点、品质与行为的综合。心理素质是经纪人开拓经纪业务、实现个人事业发展的重要保障。衡量经纪人心理素质的指标大致概括为性格、意志和情绪，如图1-7所示。

1. 性格

性格是指人在社会生活中获得并表现在态度和行为方面的心理特征。其最典型的特征就是对现实的态度特征，即人在处理各种社会关系方面表现出来的性格特征，包括对社会、对团队、对他人以及对待自己的态度等。在经纪行业中，热情、开朗的性格和积

图 1-7　衡量经纪人心理素质的指标

极向上的生活态度可以在经纪人和委托人之间建立良好的合作关系，增加委托人对经纪人的信赖，为开展经纪业务奠定坚实的关系基础；同时乐观向上的性格特征也有助于增强经纪人克服困难的信心和决心，这也是促成经纪活动成功的基本要素之一。

2. 意志

意志是指人自觉地确定目标，并根据目的支配和调节行动，克服困难，实现预定目的的心理过程。经纪活动的复杂性决定了经纪人必须具有坚强的意志品质。在经纪活动过程中，经纪人经常会遇到各种困难和挫折，甚至是失败，经纪人不能悲观失望，应该在逆境中找到应付危机的方法和对策。意志品质是经纪人必须具备的素质之一。坚强的意志品质是成功的必要条件。

3. 情绪

情绪是指人对客观事物和对象的反应。情绪管理是经纪人应具备的基本素质之一。这是因为情绪不仅影响着人的认知过程，还会极大地影响人们学习和工作的效率。经纪活动的特性要求经纪人具有识别和控制自我情绪的能力。在经纪环境发生变化时，经纪人要能认清形势，冷静地对待环境的变化，采取相应的对策促进双方交易的完成；即使是面对挫折和失败的时候，也要保持一种平和的心态，避免意气用事。

1.5.3　经纪人的关系素质

关系素质是指组织、协调和管理关系网络的能力。在经纪活动过程中，经纪人不仅要处理与经纪行业内部其他经纪人之间的关系，还要处理经纪人与委托人和相关方之间的关系。关系管理的质量是经纪人执业素质的重要体现，也直接关系到经纪活动的成败。经纪人应具备的关系素质概括起来包括组织能力、协调能力和社交能力，如图1-8所示。

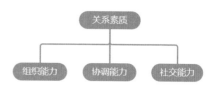

图 1-8　经纪人应具备的关系素质

1. 组织能力

经纪人从事经纪活动的过程实际上就是把具有交易意向和交易条件的供需双方组织起来进行交易的过程。在交易的过程中，经纪人要具有一定的组织能力，能够把控交易双方的心态，引导双方交易的顺利进行；在交易双方产生分歧时，经纪人要及时妥善处理对立的意见，理顺交易双方之间的关系，保证交易顺利、有序地进行。

2. 协调能力

经纪活动实质上是经纪人协调交易双方以及交易双方背后的关系系统的过程。要想促成交易成功，经纪人就要具有一定的协调能力，要能够快速识别他人的情绪并及时处理好人际关系，权衡利弊，在双方产生分歧或矛盾的时候，从中进行斡旋和协调，促成交易的成功。

3. 社交能力

经纪活动是一项复杂的服务性活动，经纪人在从事经纪活动的过程中要与不同行业、不

同性别、不同年龄和不同水平的人沟通。只有具有较强的社交能力，经纪人才能够应付各种不同的场合，与不同的客户之间建立良好的合作关系，才能获得委托人的信赖，成功完成经纪工作。

1.5.4　经纪人的道德素质

道德素质是人们的道德认识和道德行为水平的综合反映，通常指的是从人们的言论、行为等活动中体现出来的个人的认识、行为和心理等特征。

由于经纪行业的特殊性，经纪人掌握着交易双方大量的信息，如果缺乏道德约束，这些信息会使经纪人在经纪活动中选择机会主义行为。因此，注重经纪人道德素质的培养，既有利于经纪人队伍整体素质的提高，又有利于经纪市场的发育和经纪市场秩序的维护。道德素质包括思想意识、法律意识和职业道德，如图 1-9 所示。

图 1-9　经纪人应具备的道德素质

1. 思想意识

思想意识是指人对客观存在的行为规范的心理反应形式。对于经纪人来说，健康的思想意识是开展经纪活动的必要前提条件。经纪人在撮合交易的过程中，不能只贪图个人利益，隐瞒实际情况、弄虚作假或者欺骗交易双方。互利的交易思想意识不仅是规范经纪行为的需要，也是维护经纪市场秩序、促进经纪市场健康发展的重要条件。

2. 法律意识

法律意识是指人所特有的对法律、法规等的心理反应形式。经济交易的过程中会涉及行业中的很多法律、法规和政策规定。经纪人作为市场中经济主体之间的桥梁，必须具有法律意识，依法办事，做到知法、懂法和守法。同时，如果经纪人与委托人之间发生纠纷，经纪人也要懂得利用法律来维护自身的合法权益。具有一定的法律意识不仅是经纪人顺利开展经纪业务的需要，同时也是保证市场经济体系正常运转的基本条件。

3. 职业道德

职业道德是指与人们的职业活动紧密联系的符合职业特点要求的道德准则和道德情操的总和。职业道德是社会道德在职业生活中的具体化，它不仅是从业人员在职业活动中的行为标准和要求，也代表着本行业对社会所承担的道德责任和义务。

道德准则指的是人们的言论、行动等所依据的原则和规范。从经纪行业的角度来讲，经纪人应该遵守的道德准则就是指经纪行业的职业规范。经纪行业中活跃着数量巨大的经纪人队伍，经纪人以及经纪机构之间存在着激烈的竞争，这种竞争，不仅是经纪人或经纪机构之间争夺经济利益的竞争，也是一种争取生存权利的竞争。因此，经纪人之间都不遗余力地展开对客户的争夺。但是在竞争中，经纪人一定要遵守经纪行业的职业规范，进行正当竞争，不能为了争取经济利益而侵害其他经纪人的关系渠道，也不应该采用欺骗、威胁等不正当手段从事经纪活动。这是经纪人应该遵守的基本的道德准则。道德情操指的是由感情和思想表现出来的稳定的道德品质和性格。经纪人的道德情操主要表现在：在开展经纪活动的过程中，经纪人一定要保持独立的人格，不能由于经纪人之间竞争激烈或者为了获得佣金，就扭曲人格，不惜对客户低三下四，乞求获得代理的权利。

经纪行业是社会分工日益细化的产物，也是经济社会中的重要组成部分。经纪人职业道德素质的培养和确立，能够极大地促进经纪行业的发展，同时也将带动其他行业，乃至整个社会道德水平的提高。

📎 **课堂讨论**：试分析，在现在的市场环境中，想要成为一名优秀的经纪人，除了要具备知识素质、心理素质、关系素质和道德素质以外，还应具有哪些素质。

1.6　经纪人的组织形式

按经纪人的组织形式可以将经纪人划分为个体经纪人、合伙经纪组织和经纪公司三种，如图 1-10 所示。下面逐一进行讲解。

图 1-10　经纪人的组织形式

1.6.1　个体经纪人

个体经纪人是指符合有关法律、法规和政策的规定，并经过登记注册，以个人的名义进行经纪活动的经纪人。个体经纪人是经纪行业的一种基本组织形式，通常在现货交易、劳动力市场和文化市场的中介经纪活动中占有较大比重。

个体经纪人要具有一定的责任能力和业务能力。经纪人的责任能力是其从事经纪活动的基本前提条件，也是经济行业对从业人员最基本的准入要求。从经纪行业的角度来讲，责任能力是衡量经纪人是否能够对所从事的经纪活动承担相应法律责任的一个重要指标，是为了确保经纪人具有法律意义上的行为能力。经纪人的业务能力是其能否较好地完成经纪业务的基础。日益复杂的经纪活动要求经纪人应该是多学科的复合型人才。尤其是一些对从业人员的知识水平要求比较高的行业，例如保险业、期货业和证券业。资格考试作为对从业人员的知识水平进行测试的一种手段，能够有效地确保从业人员具备从事经纪业务所需的专业知识。

除了资格考试之外，对从业经验的要求也是衡量从业人员业务能力的一个重要指标。经纪活动中充满了风险，这就要求经纪从业人员不仅要有丰富的专业知识，而且也要具有一定的风险判断能力以及随机应变化解风险的能力等。丰富的业务经验能够提高经纪活动的效率，使经纪活动更符合成本一效益原则，更好地保护委托人利益。

我国颁布的《经纪人管理办法》中第三章第十一条规定，符合下列条件的人员，可以申请领取个体工商户《营业执照》，成为个体经纪人：

（1）有固定的业务场所；

（2）有一定的资金；

（3）取得经纪资格证书；

（4）有一定的从业经验；

（5）符合《城乡个体工商户管理暂行条例》的其他规定。

个体经纪人以自己的名义从事经纪活动，并以个人的全部财产承担无限责任。与其他经纪组织相比较而言，个体经纪人能够节省组建经纪组织的管理费用；由于个人经纪人的组织形式较为灵活，所以能够根据不同的情况及时做出调整。

1.6.2　合伙经纪组织

合伙经纪组织是企业的一种组织形式，是指由具有经纪资格证书的人员发起，并遵守相关法律、法规规定设立的经纪人事务所或其他合伙组织。合伙经纪组织的建立不仅要遵守《经纪人管理办法》《关于进一步贯彻实施〈经纪人管理办法〉的通知》的相关规定，还要遵守《中华人民共和国合伙企业法》中关于建立合伙企业的若干规定。

《经纪人管理办法》中规定，经纪人事务所由具有经纪资格证书的人员合伙设立，经纪人事务所应符合下列条件：

（1）有固定的业务场所；

（2）有一定的资金；

（3）由两名以上有经纪资格证书的人员作为合伙人发起成立；

（4）兼营特殊行业经纪业务的，应当具有两名以上取得相应专业经纪资格证书的专职人员；

（5）专门从事某种特殊行业经纪业务的，应当具有四名以上取得相应专业经纪资格证书的专职人员；

（6）合伙人之间订有书面合伙协议；

（7）法律、法规规定的其他条件。

经纪人事务所由合伙人按照出资比例或者协议约定，以各自的财产承担责任。合伙人对经纪人事务所的债务承担连带责任。另根据《中华人民共和国合伙企业法》中的规定，合伙企业的设立要具备以下条件：

（1）有两个以上合伙人，并且都是依法承担无限责任者；

（2）有书面合伙协议；

（3）有各合伙人实际缴付的出资；

（4）有合伙企业的名称；

（5）有经营场所和从事合伙经营的必要条件。

任何合伙经纪组织的设立都应该同时符合上述两个规定。

1.6.3　经纪公司

经纪公司是指依照国家有关法律、法规设立并合法登记注册的企业法人。《中华人民共和国公司法》（以下简称《公司法》）、《经纪人管理办法》和《关于进一步贯彻实施〈经纪人管理办法〉的通知》中都对经纪公司的设立作了具体的规定。

《经纪人管理办法》规定，经纪公司是负有限责任的企业法人，设立经纪公司应当符合下列条件：

（1）具有相应的组织机构和固定的业务场所；

（2）注册资金在 10 万元以上；

（3）有与其经营规模相适应的一定数量的专职人员，其中取得经纪资格证书的不得少于五人；

（4）兼营特殊行业经纪业务的，应当具有两名以上取得相应专业经纪资格证书的专职人员；

（5）专门从事某种特殊行业经纪业务的，应当具有四名以上取得相应专业经纪资格证书的专职人员；

（6）《公司法》及有关法规规定的其他条件。

经纪公司是一种特定的公司形式，其设立除了要遵守《经纪人管理办法》中相关规定之外，还要遵守《公司法》中的相关规定。《公司法》中规定的公司形式包括有限责任公司和股份有限公司。

有限责任公司亦称"有限公司",是指由两个以上股东组成,全体股东对公司的债务仅以其出资额或出资额以外的担保额为限对公司承担责任,公司以其全部资产对公司的债务承担责任的公司形式。《公司法》规定,设立有限责任公司,要符合下列条件:

(1)股东符合法定人数;

(2)股东出资达到法定资本最低限额;

(3)股东共同制定公司章程;

(4)有公司名称,建立符合有限责任公司要求的组织机构;

(5)有固定的生产经营场所和必要的生产经营条件。

股份有限公司是股份公司组织形式的一种,是指依据法定程序,通过发行股票的方式筹集资本,将全部资本分为等额股份,股东以其所持股份为限对公司承担责任,公司以其全部资产对公司的债务承担责任的公司形式。

《公司法》对股份有限公司的设立做出了如下规定:

(1)发起人符合法定人数;

(2)发起人认缴和社会公开募集的股本达到法定资本最低限额;

(3)股份发行、筹办事项符合法律规定;

(4)发起人指定公司章程,并经创立大会通过;

(5)有公司名称,建立符合股份有限公司要求的组织机构;

(6)有固定的生产经营场所和必要的生产经营条件。

除上述的法律、法规外,原国家工商行政管理总局于1997年1月2日颁布的《关于进一步贯彻实施〈经纪人管理办法〉的通知》(以下简称《通知》)中也对经纪机构的设立做出了进一步规定。例如,《通知》中规定:从事房地产、技术、信息、劳动力、运输、产权、文化、广告、体育、旅游等方面经纪活动的个体经纪人,须持有注明相应项目的经纪资格证书;从事上述经济业务的经纪机构,应当具有四名以上及相应项目经纪资格证书的专职人员。

📝 **课堂讨论:** 根据个体经纪人、合伙经纪组织和经纪公司的特点和设立条件,试分析三种经纪人组织形式分别适合进行哪种经纪活动。

案例 **新兴的"养老经纪人"**

我国逐渐进入老龄化社会,人们的养老观念也在不断发生着变化。从以前认为老人老了,就是应该由儿女伺候,在家里安度晚年,到现在养老院的健全和完善,"养儿防老"的观念呈一种颠覆性的改变,人们开始愿意为养老服务付费了,希望有专业的团队为老人提供照护服务。

那么如何确定老年人的需求究竟是什么、老年人怎样选择一个适合他的养老机构、由谁在两者之间建立联系来更好地匹配服务,从而真正做到"老有所养""老有所依""老有所乐","养老经纪人"的概念便应运而生。

养老经纪人不仅会参与到评估中,还会根据评估结果制定个性化的照护方案,同时积极联系政府和社会资源。例如在对接过程中,如果发现老人是符合当地长照险的申请要求的,养老经纪人可以协助老人和家属进行申请,确保享受到应有的福利保障。在争取到补贴之后,老人只需要再额外付出一小笔钱,就可以享受机构提供的一对一的专人照护服务了。

这样一来,护理员就可以有充裕的时间,陪同并教会老人独立完成一些日常生活活动,如洗漱、吃饭、走路等,又保证了老人的安全,老人和护理员的幸福感自然而然就提升了。后续,养老经纪人又会根据各方反馈不断调整照护方案,使其更符合老人的实际情况。

1.7 我国经纪人的历史沿革

我国经纪人的发展最早可追溯到两汉时期。整个发展过程大致可以划分为古代经纪人发展阶段（鸦片战争之前）、近代经纪人发展阶段（鸦片战争至中华人民共和国成立）和现代经纪人发展阶段（中华人民共和国成立至今）三个阶段，下面逐一进行讲解。

1.7.1 古代经纪人发展阶段

我国古代最早见诸文字记载的经纪人，可以追溯到西汉时期的"驵侩"。《辞海》解释为："驵侩，牙商的古称，说合牲畜交易的人。"如图1-11所示。也就是说，驵侩是买卖双方交易的中间人。

图 1-11 古代经纪人说合牲畜交易

唐代，交易中介人被称为牙人，牙人的大量出现标志着经纪人进入一个快速发展的阶段。唐代经纪人的大批出现，促进了经纪业的发展，促进了产品的流通。经纪的品种由过去的牲畜、一般商品，扩展到庄宅、奴婢，出现了不动产经纪人的雏形。牙人在自己的活动领域内建立邸店，也被称为牙行（如图1-12所示），用来安顿客商、代客寄存货物、为客商提供洽谈交易条件的场所，具有交易所的一些特征。

图 1-12 牙行

宋代，经纪人因官府对经纪活动的制约而得以迅速发展。官府明确牙行有监督商人交易和代官府收税的职能。牙人被赋予更多特权，作用得到进一步加强。外来客商在当地销售货物，必须经当地的牙行，不能直接与当地买主交易。宋代经纪人发展的特点是官府赋予经纪人以某些特权，使其具有超越其本身职能的某些权利。

元代加强了对牙人的管理，官府取缔了私牙，坚持官设牙人制度，起到了维护市场交易秩序、规范市场行为的作用。但是由于私牙屡禁不止，加剧了市场秩序的混乱。

明朝初期，朱元璋实行"重农抑商"政策，曾经采取禁革官牙、私牙的政策。但是由于商品流通需要居间经纪业务的客观经济规律，永乐年间取消了有关禁令，"官设牙行，与民贸易，谓之互市"。在此之后，明代官府实行对牙人的统一管理，牙人进行经纪活动要领取"牙帖（类似营业执照）"，必须按期缴纳"牙税"。明朝中后期，经济发展非常活跃，手工业出现资本主义萌芽，交换范围逐渐扩大，商品经济迅速发展。牙人及牙行得以迅速发展。

清朝时期，商品经济的发展达到较高水平。商业和经纪业的发展处于封建社会的巅峰。清政府承袭明朝治理牙行政策，由朝廷批准设立牙行，对牙行人员的资格有明确的要求，官府发给牙帖后，要登记注册，缴纳牙税。牙行除了为买卖双方提供交易服务外，还要为官府采购军需商品提供服务，为官府提供信息服务。同时还提供市场管理服务，平抑物价，维护市场秩序。

从我国古代经纪人的发展历史来看，经纪人在商品交换中有着不可替代的作用，经济越繁荣，越需要经纪人。由于信息的不对称性，经纪人既能促进交易，也有可能因为不法行为搅乱市场。只有通过政府加强对经纪人的管理，才能更好地规范市场，保证政府的税收。如果缺少对经纪人的管理，对市场的危害将非常大。

1.7.2　近代经纪人发展阶段

鸦片战争以后，出现了一种特殊的经纪人——买办。买办一词，源自葡萄牙语 Comprador 的译意，原专指欧洲人在印度本土雇佣当地人做管家。这个词汇在明朝借用到中国后，被使用在商业领域，起初只是泛指为朝廷提供宫廷用品的商人，本无中介之意。清朝初期开始专指中国公行在广东为外商提供商事服务的管事、采买，后买办一词逐渐发展为泛指专门为外国人提供商事服务的中介商人。

买办是我国近代史上的特殊阶层，也是经纪人发展史上的特殊阶层。买办的出现，形成了对外贸易的垄断势力，这种势力随着外国资本主义侵略势力的强大而强大，他们在各大通商口岸垄断了商品交易的中介活动。

鸦片战争前，出任买办需经官府批准，由十三行行商担保，带有官商性质，外国人无法自主选择代理人。鸦片战争后，废除了公行制度，买办失去了作为官商的基础，外商可以自由选择代理人，买办得以迅速发展。其业务范围也从最初的代办采买、验货等一般商业的服务代理，扩展到经纪中介、经营活动和信用保证等。买办的发展，刺激了我国对外贸易的发展，加速了我国商品经济发展的进程。

1912 年"中华民国"成立，当时的国民政府先后制定并颁布了《六法全书》《民法总则施行法》等相关法律。在这些法律中明确了经纪人的合法地位。从法律上对经纪活动的发展起到扶持和保护的作用，从而促进了经纪人的发展。这一时期，随着世界范围内资本主义的蓬勃发展，中国商品经济也得到一定程度的发展，一些先进资本主义的经济形式逐渐在中国登陆。在经纪领域中，伴随证券、期货等金融交易所的诞生，证券、期货经纪人应运而生。

1917 年，《交易所法》发布，对经纪人的主体资格做了严格规定。1918 年 6 月，在当时的北平成立了中国最早的证券交易所，催生了中国第一批股票债券经纪人。1919 年我国早期大证券商虞洽卿等人组建的上海证券、物品交易所开业。交易所不仅经营证券，同时开展金银、粮油、棉花、纱布等现货交易。至 20 世纪二三十年代，我国经纪业的业务范围已经扩展到证券、期货、现货、保险和房地产等领域，经纪活动的发展也达到了一定规模。

在国民党统治时期的社会经济秩序混乱，有些经纪人的经纪活动往往越出法律规定的范围，严重扰乱了市场秩序，其经纪人形象受到了严重损害。那时通常称为"捎客""黄牛""华经理"的经纪人，几乎成了不法商人的代名词。

1.7.3　现代经纪人发展阶段

中华人民共和国刚成立时，党和政府为了稳定市场，从加强金融管理、控制主要商品和严格市场管理三个方面入手，打击市场投机活动。为了配合市场的监督管理，1950 年 11 月 14 日，中央人民政府贸易部颁发《关于取缔商业投机活动的几项指示》，这些规定，客观上起到了打击投机倒把，维护市场秩序，平抑物价的作用，但由于各地区、各部门在执行政策时，掌握尺度不一致，一些地方和部门对经纪人采取了严格限制的措施，经纪人的活动空间被极大地压缩。1952 年，天津证券交易所被取消，经纪人行业发展进入低谷。

中华人民共和国成立后，经过三年多的艰苦努力，结束了国民经济恢复时期。对非社会主义经济成分进行改造成为当时的首要任务。由于当时计划经济已经成为我国唯一的经济形式，出现了戴着社会主义红帽子的信托机构，这些所谓的信托机构，尽管打着经纪的招牌，却早已是有名无实。

改革开放以后，随着市场经济的发展，逐步推动了经纪人的发展。20 世纪 70 年代末 80年代初，首先在沿海地区（如广东深圳、汕头和东莞等地），出现了从事引进外资的居间活动和媒介进口商品交易的新型经纪人，极大地推动了这些地区的市场经济的发展。随着沿海地区市场经济快速发展的影响，经纪活动出现了由东部向西部，由沿海到内地，呈梯度推移的趋势。

随着改革开放进程的不断发展，人们对经纪人在市场经济中的巨大作用有了新的认识。从 20 世纪 80 年代后半期开始，我国一些地区出现了扶持经纪人发展的试点工作。1990 年以后，上海、深圳两地证券交易所相继成立，我国期货经纪也开始了试点工作。这一时期，一些省市相继出现了经纪事务所、经纪人公司。经纪人出现了快速发展的势头。

1992 年，邓小平南巡后，对我国经济体制改革和经济发展做出了高瞻远瞩的指示，我国对市场经济的认识和实践进入一个新的阶段，经纪人也从理论到实践得到极大发展。1992 年，珠海工商行政管理部门颁发了中华人民共和国成立以来第一个《经纪人管理办法》，使经纪人管理向规范管理的方向迈出了重要一步。1995 年 11 月 13 日，原国家工商行政管理总局颁布了《经纪人管理办法》，这是我国第一部规范经纪人活动的全国性行政规章，将经纪人管理纳入政府管理的规范轨道。从此，我国经纪人行业进入了一个新的发展时期。

案例　我国文化经纪人的"变革"

我国文化经纪人行业的建立与发展，离不开以王京花、常继红、李小婉等为代表的中国第一批专业经纪人的努力。

被圈内人尊称为"花姐"的王京花在 2000 年加盟华谊兄弟，标志着中国艺人经纪 1.0 时代的正式开启。这一时期也被称为"保姆式经纪"发展时期，经纪人不仅需要安排艺人的工作活动，还要像保姆一样连衣食住行都要一手包办。时至今日还有很多经纪公司在使用这种方式来实现艺人的紧密捆绑，不只是通过契约形式，同时也利用不断的感情投资来增强艺人对于公司的忠诚度。这种形式看似是可以和艺人建立起亲密的合作关系，并且能够有"家长"式的话语权。但如果有一天公司不能满足艺人自身发展的需求，矛盾就随之不断显现，最终导致艺人的解约，资源流失。显然，此种模式已不适用于行业的快速发展。

从 1.0 到 2.0，艺人经纪行业只用了不到十年的时间，可谓是发展迅速。2010 年前后，一些一线艺人合约到期后纷纷成立个人工作室。此后的几年，除了大牌明星，二三线艺人也纷纷加入该阵营。至此，经纪人不再独揽大权，艺人的话语权增加。行业开始细分，更趋向于服务精准化、专业化。但是，这个时期并未形成专业成熟的艺人经纪体系。

现如今，艺人经纪行业正在经历 3.0 时代，明星加入资本运作的股份制、合伙人模式。这是一种比较简单粗暴的方式，让明星直接持有公司股份、成为"明星股东"。另一种做法是一些经纪人与明星合伙创业、一起成立公司。这是一种目前已普遍存在且成功率较高的模式。公司可以利用明星老板的品牌效应吸引资源，扶持新人；明星也可以将自己的能量发挥到最大化，分享更多的收益。

在新媒体环境下，素人只凭短视频就可以吸引成百上千万的粉丝，在短时间内迅速成名。各类网红、主播对流量和市场的抢占，对传统精打细算的艺人经纪模式造成了强烈的冲击。面对着一系列的冲击和变革，艺人经纪行业需顺应潮流与趋势，及时反思、求变。

纵观当下，整个艺人经纪市场，每个艺人经纪公司都在各显其能，加大吸收互联网造星所带来的红利。互联网的发展可以说已经改变了整个艺人经纪产业业态。而在新的发展格局下，艺人经纪也面临新的挑战，需要创新思维与时俱进。用互联网思维打造经纪公司，让艺人的运作更具系统性和互动性，而这一举措究竟能否为整个行业带来变革，还需要时间来验证。

1.8　本章小结

本章重点介绍了经纪人的概念和特征，帮助学生掌握并理解经纪人和经纪活动；对经纪人的分类、经纪人的收入来源、经纪活动作用进行了讲解；对经纪人的素质和经纪人的组织形式进行了分析；同时也对我国经纪人的发展过程进行了梳理。通过对本章的学习，读者可以掌握经纪人的基础知识，为学习主播经纪的定位与管理打下基础。

第2章　主播经纪人

　　互联网技术的日益成熟，促使了直播行业的快速发展。如今，电商直播正值风口，对主播的综合要求越来越高，对于直播机构来说，构建自己的主播孵化培养体系已逐渐成为趋势。在这个孵化过程中，主播经纪人起到了至关重要的作用。

　　本章将针对主播背后的"推手"——主播经纪人进行讲解，详细介绍主播经纪人的含义、特征、工作内容、工作流程、需要具备的职业能力以及运作流程等内容，帮助读者快速掌握主播经纪的概念和从业要求。

2.1　主播经纪人的含义

　　随着互联网的高速发展，网络直播的成本变得格外廉价、直播门槛相对来说也变得越来越低，开启了人人都可以直播的新时代。数据显示，2019年，中国线上直播行业用户规模达5.04亿人，增长率为10.6%；2022年，用户规模预计达6.66亿人。

　　直播行业迎来新的发展机遇，电商直播、"直播+"等新商业模式获得快速发展。"直播+电商"备受行业关注，技术的革新，加上5G技术的加持，为直播行业的发展带来巨大的机遇。

　　直播的火热，创造了一个巨大的产业。屏幕前，光鲜靓丽的主播们，对各种产品的介绍信手拈来，同时时刻注意并回应粉丝的需求，成交了一笔笔订单，如图2-1所示。那幕后呢？他们需要做什么准备，是一人完成所有工作，还是有"军师"负责运营呢？

图 2-1　直播带货的主播

除了少数单打独斗的主播外，大多数主播背后都有主播经纪人的存在，他们是一个成功主播不可或缺的重要帮手。

在直播公司或团队中，主播的招募是经纪人岗位的一个主要职责，由于主播的流动性很大，直接导致主播经纪人的工作面临着较大的工作压力和较长的工作时间，所以抗压能力、压力调节能力和恒久的耐心是主播经纪人必备的三个职业素养，如图2-2所示。

图2-2　主播经纪人必备职业素养

主播经纪人在筛选适合的直播人才成为主播的过程中，必须要有更为全面的考量。一个好的主播经纪人需要有独到的眼光，能够快速分辨出这个人是否具备"红"的潜质。抛开主流直播平台那些只会唱歌跳舞的主播来说，带货主播对于专业知识要求更高，毕竟如果对卖的东西都不了解，如何让看直播的人掏钱购买。所以主播经纪人日常除了在衣食住行上需要贴身照顾主播外，还要定时给主播补习专业知识，小到妆容，大到设计理念。图2-3所示为主播经纪人的工作状态和工作道具。

图2-3　主播经纪人的工作状态和工作道具

在一些小型直播团队或直播公司中，主播经纪人也会在品牌商和主播之间扮演着传话筒和润滑剂的角色，在这个角色中，主播经纪人的工作会与团队中运营人员的工作内容有所重叠，图2-4所示为主播经纪人的工作内容。

图2-4　主播经纪人的工作内容

当主播经纪人遇到一些很有潜力，但是由于缺少职场或生活经验以及无法准确定位大局观的主播，或者无法很好平衡内容和商务两部分工作的主播时，自身需要具备一些专业知识和职业素养，帮助新人主播快速找到属于自己的定位，帮助主播对接商务，为主播提供内容策划、直播复盘的建议和指导，充分平衡内容与商务以及吸引到更多粉丝流量。图2-5所示为品牌商、经纪人和主播的相互关系。

图 2-5　品牌商、经纪人和主播的相互关系

一个负责的主播经纪人会在新主播开播前传授新主播直播的基本知识与技巧。主播直播时，他会变成用户去和主播聊天，和粉丝聊天，带动主播直播间的聊天气氛。帮助主播去应付一些比较"难缠"的粉丝。主播直播一段时间后，主播经纪人还会帮主播去申请直播平台的推荐位。主播下播后，主播经纪人还要与主播沟通讨论直播中出现的问题，并给出建设性的意见，告诉主播在哪些方面去增强改进。等到主播有一些粉丝了，主播经纪人还要帮助主播去做一些运营事件，例如粉丝互动等。

主播经纪人和主播的关系亦师亦友，一个主播经纪人不仅要照顾主播的直播，教会主播怎么做好直播，还要关心主播的生活。其实，这是一个互利互惠、互帮互助的关系。主播需要主播经纪人的直播技巧，主播经纪人需要主播帮他完成他的业绩指标。然而作为一个主播经纪人，最沉重的话题是什么呢，是他在幕后付出了 100% 的努力，换来的可能只有主播礼物量 10% 的增长，甚至几百元的增长，又或是几百个、几十个粉丝的订阅。就算是这样，主播经纪人还是会觉得这样很值，因为主播直播变好了，他也就变好了。

综上所述，优秀的主播经纪人需要有较强的抗压能力、优秀的表达能力和严谨的思维体系。由于主播经纪人的日常工作内容就是与人进行沟通，所以活泼外向型人格和严谨的思维体系在工作中会有较强优势，也更容易获得主播的信任。

案例　经纪人需要挖掘合适的人进行签约

某主播曾做过 6 年空姐，后来辞职成为一名海洋馆饲养员。一直以来，她都热衷于在社交媒体分享自己的空姐生涯和饲养员生活。因其大方开朗和积极有趣的性格，再加上甜美可人以及极有路人缘的外貌，被经纪人发现并挖掘，使其成功签约。

她是经纪人签约的所有主播中对直播投入最大的。2020 年 5 月 5 日，她在直播间为 Tiffany 的 520 活动做了近 2 个半小时的直播，为 12 款经典及限量款商品带货。同时签约经纪人之后，她合作的客户多了高端美妆、奢侈品、家居以及汽车品牌，每个月大概接到 6～8 单广告，成功丰富人设，在主播的行业里更上一层楼。图 2-6 所示为主播分享的日常。

图 2-6　主播分享的日常

🖊 **课堂讨论：** 根据职业功能的不同可以将主播经纪人分为星探经纪人和运营经纪人两类。试着分析两种经纪人工作侧重点的不同。

2.2　主播经纪人的特征

主播经纪人是直播行业兴起下的新型职业，是发现和挖掘优质主播的重要岗位，就像传媒公司的眼睛，发现每一个会发光的"金子"。主播经纪人是与人沟通的职业，活泼外向型人格和严谨的思维体系在工作中会有较强优势，更容易获得主播的信任。因此，成功的主播经纪人需要有较强的抗压能力、优秀的表达能力和严谨的思维体系。

主播的成功离不开经纪人的规划和运营，所以主播经纪人这一职务已经成为了整个直播团队中非常重要的组成部分，也成为团队中必不可少的一员。主播经纪人是主播的重要支撑，有着非常艰巨的责任，必须时刻关注主播的行为和数据。

成功的主播经纪人一般具备以下几点特征。

2.2.1　沟通能力强

主播经纪人不仅需要和自己负责的主播进行沟通，也需要和主播的粉丝进行沟通，还需要和一些品牌商以及平台的负责人进行沟通，因此，一个优秀的主播经纪人，一定要拥有较强的沟通能力。对于主播经纪人来说，良好的沟通能力是从事主播经纪活动的基础。

2.2.2　团队协作能力强

直播团队通常由不同的职位组成，在工作的过程中，主播经纪人一定要拥有较强的团队协作能力，即在尊重主播的同时保持高度职业敏感度。

经纪人尊重主播大概率能换取主播尊重经纪人，双方保持的这种平等、友好的人际关系，会使直播团队在协商工作时更简单，能够更直接地完成工作。同时合作双方长期的平等、友好的人际关系可以使双方进一步产生更加亲密的关系，从而让主播经纪人更加了解主播，便于之后的工作安排。

团队协作能力强的另一个表现为保持职业敏感度，即拥有一定的能力和主见。保持职业敏感度，可以帮助主播经纪人在关键时刻避免或解决很多事情。图2-7所示为多人协作的直播团队。

图 2-7　多人协作的直播团队

2.2.3　拥有持续的招聘和培养能力

粉丝流量的积累需要一个过程，而这个过程短则几个月，长则几年，没有人能为主播的成功进行承诺。新人主播在成功前通常会置身于未知和迷惘的环境中，长此以往，造成人员流失。也就是说，主播在积累的过程中的不确定性使得"主播"这一职务的人员流失率极高。

主播的高流失率促使一个优秀的主播经纪人必须保持长久的招聘能力和培养能力，以确保直播团队的完整。

2.2.4　具备一些直播技巧

一个优秀的主播经纪人也要具备一些直播技巧，即包装运营能力。将主播招聘到自己名下后，应该及时为主播进行直播行为规范和聊天技巧等基本技能培训，让主播对自己的工作内容有一个初步的认知。

主播经纪人对新人主播的关注不仅仅是一些简单的直播技巧，还包括为主播打造特色人设，即根据主播的自身特点为其找到快速吸粉的短视频定位和直播风格定位。主播经纪人为主播进行合适的人设包装，既可以让主播获得粉丝的好感，又可以长远地为主播的事业铺路。因此，主播经纪人为主播量身打造合适的人设很重要，而积极地、及时地包装主播则是主播经纪人需要具备的长久职业素养之一。

主播经纪人为主播打造合适的人设包装其实就是把主播标签化，让标签和主播之间产生强关联性，表现为提到该主播时，浮现在粉丝脑海中的第一个画面就是该主播特有的标签，如图 2-8 所示。例如提到电商头部主播李佳琦，粉丝脑海内会出现李佳琦的标签"口红一哥"的名场面"涂口红"。

图 2-8　主播标签化

主播的人设可以是一个标签，也可以是一组标签，标签的数量因人而异。在包装的过程中需要寻找一些高传播度和易于记忆的标签与主播进行匹配。

这里的标签并不是主播的口头禅或出现次数较多的词语，而是需要主播通过一系列的行为表现出来。当这些行为经过长时间的维持成为一种固定的内容后，粉丝就会自动将这些内容所表现出来的标签记住并与主播相匹配。

主播经纪人为主播打造标签化的流程可以分为主体分析、人设呈现、信息传达和引发共鸣四个步骤，如图 2-9 所示。

图 2-9　主播标签化的流程

1. 主体分析

首先，主播经纪人可以从主播的外貌、性格、行为和习惯话术等维度分析主播具有的特点。整个分析过程中，需要使用文字完成描述。例如有 A、B、C 三位主播试镜，经过一天的试镜分析，主播经纪人总结出三位主播的特点如表 2-1 所示。

表 2-1　三位主播的特点

主　播	外　　貌	性　　格	行　　为	习惯话术
A	颜值型	高冷、严肃	话少	比较实用
B	亲民型	风趣、幽默	表情丰富	Oh My God！
C	生活型	热情、真诚	手势多样	它很有用呦

2. 人设呈现

根据商品售卖目标群体需求和主播的特征进行匹配，包装出具有凝聚力的主播人设和口号，人设呈现思路如图 2-10 所示。

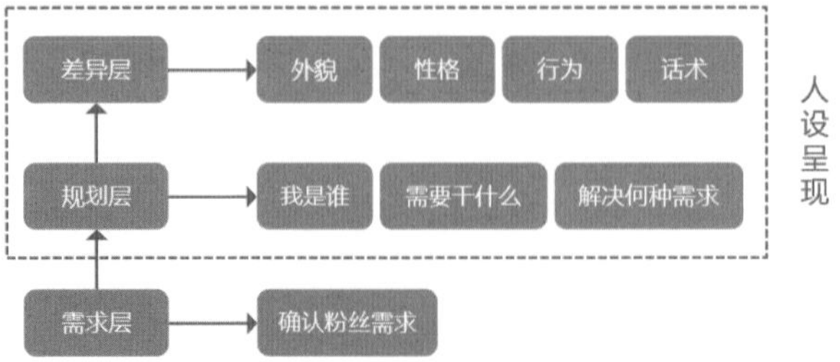

图 2-10　人设呈现思路

案例

电商 MCN 公司刚刚签约的一家农产品经销商，这家经销商想尝试直播销售农产品。使用人设呈现的思路进行分析。

需求层的分析：粉丝对农产品的核心诉求是绿色无污染和美味可口。

规划层的三个问题：

①我是谁？我是一名农产品体验师。

②需要干什么？我要用直播的方式带领粉丝去农产品生产基地寻找合适的产品。

③解决何种需求？帮助粉丝找到绿色无污染且美味可口的农产品。

差异层的突出表现：

- 外貌：中等长相，身穿偏冷色调的运动户外装，这样可以减少粉丝与主播以及主播与产品之间的陌生感和距离感。
- 性格：通过热情的氛围增加粉丝与主播之间的信任感，并通过真实、不做作的语言与协助人员对产品进行介绍，为粉丝呈现一种踏实的感觉。
- 行为：动手能力强，亲自采摘农产品，现场品尝并给出中肯的评价。
- 话术：吃完表现出开心状，并连说"买它！买它！买它！"

经过分析得出结论，要呈现出一个接地气、生活气息浓厚、四处寻找优质农产品的人设定位。要传达给用户的理念是"原生态的才是最健康的"，直播室的口号是"寻找大自然的美味"。

按上述流程分析完毕后，发现主播 C 非常适合这个角色。之后经纪人可以让 C 主播试拍样片并观看样片效果，并一遍一遍打磨流程和包装要素。

3. 信息传达

在宣传过程中要高频率地曝光主播的人设，并用口号、文案和图片对粉丝进行强化记忆。经过长时间记忆加深，使得粉丝产生应激反应。

4. 引发共鸣

经纪人为主播打造合适的人设，然后依靠高质量的商品，以及通过购买激励、商品引导和合理运营等方式让购买商品的粉丝给出真实评价，进而使粉丝发自内心地认同主播的理念，同时也在直播间进一步加深其他粉丝对主播人设的认可。

主播经纪人还要通过观看直播的方式，为直播活跃气氛的同时协助主播留住粉丝。一般情况下，主播经纪人在观看直播时，会根据自身的专业素养结合主播的人设，及时为主播提出建议或者发现问题并解决问题。简单来说，就是主播经纪人运用一定的知识技巧帮助主播获得良好的直播效果。图 2-11 所示为主播经纪人在主播直播时同步观看直播工作。

图 2-11　主播经纪人在主播直播时同步观看直播工作

2.2.5　拥有健康强健的体魄

对于任何一位在职的主播经纪人来说，其招聘和管理的主播远不止一个，再加上直播时段自由以及随叫随到等无法避免的工作限制，这些大大小小的工作限制会在一定程度上消耗主播经纪人的精神和体力，因此，主播经纪人想要长期、持久地完成自己的工作，拥有健康的身体是一个必备条件。

2.2.6　拥有更平稳的心态

就业于直播行业，尤其是担任主播经纪人这个职务时，高情商是最突出的特征。这是因为直播行业是一个生存环境残酷且收入差异明显的行业，如果没有高情商，主播经纪人根本无法应对各种各样的情况，也无法很好地调节自身与主播的不良心态问题，最终将导致主播经纪人与主播以及直播团队陷入被行业淘汰的危机中。

直播行业中的生存环境残酷主要表现在行业竞争压力很大，主播的红利期具有不确定性，很多主播的职业发展也具有偶发性，这些限制会使大部分主播经常性地遇到挫折，从而失去信心，最终导致在直播间发脾气、工作划水和多次口误等直播事故；或者主播的商业价值以及收入在短期内直线上升，然后开始与主播经纪人和公司发生解约或违约等纠纷。此时，就需要高情商的主播经纪人通过专业知识或语言沟通解决直播事故或合作纠纷，从而顺利渡过工作中的瓶颈期。图 2-12 所示为关于直播事故的报道和致歉信。

图 2-12　关于直播事故的报道和致歉信

如果主播在直播时遇到了纠缠生事的粉丝，可能会导致主播产生大的情绪波动，情况严重时甚至造成停播，这时候就需要主播经纪人最先冷静下来并解决问题，以免造成更大的失误。

同在一个直播团队中，主播与团队中的其他成员的收入具有明显差异。如果各个成员长期对此抱有不满情绪，这也会使各个团队成员的心理产生不平衡感，从而导致在团队协作中出现各种各样的问题。此时，需要主播经纪人及时发现问题并积极地进行调节，如何平衡好心态，也是每个主播经纪人必备的职业素养之一，图2-13所示为拥有高情商主播经纪人的主播表现。

图 2-13　拥有高情商经纪人的主播表现

案例　一名主播经纪人的心态变化

小张刚入行时，主播与经纪人之间的收入差距让他犯过一些错误。例如一些大主播每天面对弹幕中的各种负面评论时，心态非常容易垮掉，作为经纪人本该在恰当的时间帮助主播调整心态，但是刚刚接触直播行业的小张很难理解主播的这种压力，于是他和主播说："你就是被他骂，但是你能挣很多钱，有什么可在意的呢？"

这样的言语不仅无法帮助到主播，往往会导致主播的情绪更加低迷，并且可能主播的精神状况也会出现一些问题。现在的小张反省说，"那时候我没有充分理解她们的感受。"同时他还再三强调，主播经纪人一定要有很强的共情能力，要敏锐地感受到主播的真实情绪，并帮助他们消化。

这样的态度转变，使得如今的小张面对主播和经纪人之间的悬殊收入时，并不感到困扰。因为小张所管理的主播，其中大多都是95后甚至00后的女生，他认为"她们虽然年纪很小，但她们的确有赚钱的能力；即无论是背景、长相或从事的工作还是正在上的学校，都能帮她们获得这些关注度。在清楚这种差距后，我不会觉得有任何不平衡"。这种态度转变，是小张在工作中慢慢地一点一滴摸索出来的，促使其在备受争议的直播行业中找到属于自己的位置，获得更大的利益。

2.3　主播经纪人与主播的关系

任何人在初步接触职场或刚刚转行到新行业时，都会存在一个比较迷茫的阶段，新人主播也不例外。在新人主播不知所措时，主播经纪人就起到了至关重要的作用。优秀专业的主播经纪人不仅能够在工作中帮助新人主播，也会在生活中发挥更大的作用，使主播顺利、快速地投身到直播工作中。

课堂讨论： 从上面的描述中可以看出，主播经纪人的作用更加偏向新人主播，是否意味着对于已经成熟的主播来说，主播经纪人已经无法对其产生有用的作用和价值？那么根据该描述和前面学习过的知识，尝试分析经纪人对新人主播和成熟主播来说，哪一个可发挥的作用空间更大？

一般来说，主播与经纪人都存在亦师亦友的关系，这个关系在不同阶段和时间中，存在不同的解读方式。主播经纪人与主播处于不同的关系，其发挥的作用和创建的价值也会体现在不同方面。

如果主播是刚刚被签约的新人，此时经纪人对于主播来说，将担任老师的角色；如果主播已经经过培训，则经纪人对主播来说，角色变更为导师；如果主播已经经过培训和前期规划，能够顺利进入工作状态且开启工作模式，此时的经纪人对于主播来说，角色更像是军师；当主播结束工作处于休闲模式，此时的经纪人与主播会变为无话不谈的挚友，图 2-14 所示为主播与经纪人的关系和价值。

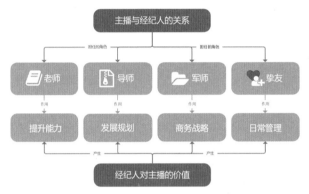

图 2-14　主播与经纪人的关系和价值

1. 老师

一般来说，一个人的能力是其价值内容的具体体现。所以当主播经纪人担任主播的老师时，其最主要的作用就是提升主播的工作能力。具体操作就是利用自己对直播平台各种规则的熟知度以及自身具备的各种专业知识和直播技巧，对主播进行快速而专业的岗前培训，同时利用自身丰富的工作经验，快速带领新人主播进入工作状态。图 2-15 所示为接受岗前培训的新人主播。

图 2-15　接受岗前培训的新人主播

2. 导师

主播经纪人招募主播并将其打造为高人气主播的过程，就像是寻找到一块好玉并将其雕刻为精美玉饰的过程，这个过程中的主播经纪人对于主播来说，担任的是导师这一角色。也就是说，此时的主播经纪人会站在旁观者视角，深度挖掘新人主播的特点、品质，然后利用自己对各类粉丝需求和喜好的熟知度，帮助主播打造合适的人设；最终为新人主播进行专业而正确的职业发展方向规划和职业规划。图 2-16 所示为主播经纪人为主播制定的"进化攻略"。

图 2-16 主播经纪人为主播制定的"进化攻略"

案例 适合主播的内容策略

95 后刚毕业不久的土豆进入直播行业刚一年，手下运营着 20 个成熟的淘宝带货主播。普遍来说，在淘宝直播中，卖货能力强的主播，自然资源更优，一家机构更愿意投入所有资源扶植一位头部主播，而剩下的小主播只能捡漏，图 2-17 所示为小主播直播画面。

图 2-17 小主播直播画面

因此，小主播间的竞争格外激烈，如两个主播争一家货品，同一货品不同主播分时段播。为了尽量避免小主播之间的竞争，经纪人土豆在选品会上会格外注意，用差异化、细分的打法尽量避开竞争，例如在女装品类细分出妈妈装、潮服等分配给不同特点的主播。同行间的竞争也同样存在。例如大规模的黑粉人侵直播间，有时候就是竞争公司的恶意操作。

当然，跨机构挖人的现象在行业内也屡见不鲜，土豆旗下有一位主播因为粉丝量增长较快，想换经纪人甚至换机构，土豆反复沟通，答应其配备最好的资源这才保下来。以土豆所在的机构为例，主播与公司签一个月试播期，期间可以随时解约。但对于合作一年以上的主播，耗费了心血，经纪人当然会竭尽全力留人。

3. 军师

在直播行业日趋成熟的今天，早期主播的偶发性成长限制条件被大大降低，利用团队智慧和幕后推手等方式才是进一步提高主播职业发展的唯一出路。

主播经纪人对于主播来说，担任的是军师的角色。主播经纪人根据主播的特点，制作清晰的商业战略规划，把包装策划、推广运营等专业内容交由专业人士打理，从而有效地促进主播进一步发展。

4. 挚友

主播经纪人与主播交流生活中、工作中的正面感想和负面感想，能够进一步加深自己与主播的关系羁绊；同时主播在生活和工作中遇到的困难和问题，也应该积极与经纪人沟通，方便团队接下来的商务安排；如果主播对工作有任何的创意和计划，也要及时与经纪人进行沟通，再由经纪人协调团队工作，使直播团队的协作更加和谐。图 2-18 所示为主播和经纪人的休闲日常。

图 2-18　主播与经纪人的休闲日常

在主播与经纪人的工作中，通常需要通过相互配合来共同完成一场直播。例如经纪人在开播前协调每一场直播的时间、每一阶段的直播计划等，而主播按照经纪人协调好的工作顺序进行直播即可。主播与经纪人的日常配合有很多内容，包括直播时间规划、直播内容规划、直播道具筹备以及直播问题反馈等一系列，每一项内容的完美配合，都是一场直播成功的必要条件。

案例　经纪人发掘并打造童装主播

从传媒公司离职后，90 后的聪聪带着不少渠道资源及孵化微博红人的经验与老公合伙在杭州开了一家网红经纪公司，想要着手打造一位童装主播。

无意之中，她通过一档电视节目看到了一对袖珍人夫妻燕子和浩子的故事，托关系找到了他们。

在接触聪聪之前，燕子和浩子还在一家袖珍人艺术团做皮影戏的幕后工作人员，因为身材缺陷，在择业上他们更多地只能"被选择"，而淘宝主播让他们找到了自己。

直播中燕子要换上上百套童装，并在买家和卖家的角色中流畅切换。通常，聪聪会架着手机坐在直播间门口，仔细地观察燕子的每一个动作、每一句话，如图 2-19 所示。

几个小时的直播，燕子已然筋疲力尽，但聪聪还是要继续在她耳边反复"挑刺"，一边鼓励一边泼冷水，怕他们膨胀。素人晋升主播网红，起步阶段在聊天上"尬"到不行，对此，聪聪给他们布置了看书学习的作业，并嘱托他们通过唱跳才艺去弥补短板。直播间的人气越来越旺，燕子的粉丝也成倍增长着。聪聪叮嘱燕子要"善待"朋友圈，在标点使用上都要重视，例如与人对话谨慎使用感叹号。

图 2-19　主播燕子在直播带货

直播 5 个月，燕子的粉丝量突破 10 万人，在 2019 年淘宝直播盛典上，燕子身着晚礼服亮相，惊艳四座。

聪聪曾孵化过另一位袖珍人主播，因为燕子珠玉在前，袖珍人的身份并未帮她获得更多流量，突如其来的落差感压得她喘不过气来，最终她选择放弃。经纪人在她身上投入的时间、精力、资源和金钱，也随风而去。

2.4 招募主播的渠道和技巧

主播经纪人另外一个名字叫直播运营，这个职位的薪水和主播的流水是直接挂钩的，性质和销售差不多，做了越久越吃香。前期起步稍微困难，但到后面拥有的资源越来越多，专业水平也越来越高，手里面的主播自然而然也会越来越多，收入同样也会水涨船高。

2.4.1 经纪人的引进途径

经纪人在招募主播时，可以使用线上经纪人和线下经纪人两种引进途径。

线上经纪人主要是指利用网络招募已经相对成熟的职业主播，但是这种引进方式风险较大；因为相对成熟的主播，肯定对行业规则和行业弊端较为熟悉，经纪人引进时可能需要花费较大的利益。因此，如果经纪人只是想要稳定渠道资源，将不建议使用该方式。

线下经纪人通常是在公司正常坐班的正式员工，他们主要通过校园渠道或社会渠道等招募方式完成工作。

由于大三和大四的学生业余时间较多也比较自由，所以成为理想的主播资源库。具有学校社团资源或学生会资源的大四实习生，是拥有校园渠道的经纪人。广告公司、记者、摄影师和播音员 / 主持人等从业者，都是具有较多线下资源的社会人士，他们是拥有社会渠道的经纪人，如图 2-20 所示。

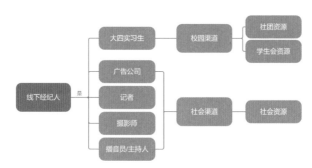

图 2-20 线下经纪人的招聘渠道和资源

2.4.2 主播的招募渠道

主播经纪人可以通过招聘网站、直播平台、贴吧论坛、QQ 群、自媒体渠道和主播专业招聘渠道进行主播的招募，下面对这些渠道进行逐一介绍。

1. 招聘网站

刚刚踏足经纪人行业的新人，大概率会使用 58 同城、赶集、百姓、智联招聘、拉勾网和猎聘网等各种招聘渠道，这些渠道的效果各有不同。

（1）58 同城、赶集网和百姓网等分类信息网站，虽然用户基数很大但是资源相对分散，如果使用这些网站招聘主播，可能会有一些效果但是效率不高。图 2-21 所示为 58 同城网站的招聘界面。

（2）智联招聘和 51Job 等传统的综合性招聘网站，虽然品牌知名度很高，但大部分人群的求职岗位偏向常规，所以网站内对于新兴行业的主播人才还没有积累。图 2-22 所示为智联招聘网站的信息界面。

（3）猎聘网等定位高端人才的招聘渠道，求职人群集中在企业高管或者职业白领。而大部分主播都是年轻人或学生，因此一般情况下无法获得较好的招聘效果。图 2-23 所示为猎聘网站的招聘界面。

（4）拉勾网和 BOSS 直聘等互联网垂直招聘网站的定位是互联网行业的人才招聘，因此求职人群集中在程序员、产品经理和 UI 设计师等互联网从业者。如果经纪人的需求正好是这类技术人员，使用这些网站进行招聘效果相对较好，但是如果想要招聘主播，可能效果会相对较差。图 2-24 所示为 BOSS 直聘网站的招聘界面。

图 2-21　58 同城网站

图 2-22　智联招聘网站

图 2-23　猎聘网站

图 2-24　BOSS 直聘网站

2. 各大直播平台

很多经纪人到直播平台挖掘主播，都存在一个特别明显的缺点，即畏惧大主播、高颜值主播和高人气主播，认为这些主播与所属平台的羁绊较深，轻易不会出走。但实际上并非如此，经纪人需要明白主播是否跳槽，与其直播时间长短并无直接关系，而主播的收益高低才会影响主播跳槽，也就是说，收益高低是主播判断是否跳槽的直接性条件。

掌握了主播跳槽的关键性条件后，经纪人就要学会分析主播的实时收益和阶段性收益，方便自身实时开展工作。当经纪人在平台中搜索到某个处于低谷期的大主播时，可以结合自身资源和专业素养，对该主播进行评估，评估后显示自己可以对该主播有较大帮助时，签约的成功率将大大提高。

作为主播经纪人，在平台搜索和考察主播时，所需工作内容就是不断观看和问询。在这个问询的过程中，可以发现问询数量的不同，导致的结果也会不同。例如在一天的工作时间内，A经纪人问询了80个主播，而B经纪人则问询了100个主播，一天的问询结果的差距可能不是很大，但如果两个经纪人将各自的工作状态维持一个月，两个经纪人的工作效率将出现巨大差异。并且经纪人在问询主播时，也要尽量确保问询信息的有效性。

课堂讨论： 有效的问询信息是指经纪人发送给主播消息时，主播能够看到并给予一定的答复。问询信息的有效性将直接影响经纪人的工作效率，那么读者可以尝试着分析与探讨，以何种方式、在何时发送问询信息，才能提高问询信息的有效性？

同时，主播经纪人也可以在各大平台购买广告位，通过在广告位上张贴如图2-25所示的招聘动画或招聘信息，来达到让符合条件的主播主动与自己联系，最终完成招聘的目的，此方法比较适用于招聘新人主播。

图 2-25　招聘动画和招聘信息

3. 贴吧论坛

在直播行业兴起的初期，由于市面上没有专职直播行业的招聘网站，而贴吧论坛这类按主题划分的交流平台聚集了大量的主播们，因此，贴吧论坛成为经纪人挖掘主播的主要渠道之一。但是随着直播行业的发展日趋成熟，各大直播和短视频平台中形成并出现了公会（管理主播的组织），而公会数量的逐渐增多，恰恰弥补了市面上没有专职招聘主播网站的缺点，也使得贴吧论坛的优势被稀释，表现为现阶段在贴吧论坛中招聘主播时，虽然有较低的概率能够招聘到人，但是已经远远无法满足招聘要求。

4. QQ群

与贴吧论坛一样，QQ群也是初期直播行业时招聘主播的主力渠道，并且在初期该招聘渠道的招聘效果也很明显，而现阶段的QQ群也在直播行业的迅速发展中逐渐失去优势而被淘汰。

5. 自媒体渠道

经纪人也可以在今日头条、百度百家、微信公众号和小红书等自媒体渠道内建立账号，而后通过账号发布招聘信息。但是该招聘渠道有一个比较明显的缺点，就是该账号需要经纪人花费大量的时间去建设、培养和维护。图2-26所示为不同微信公众号中的主播招聘信息。

图 2-26　不同微信公众号中的主播招聘信息

6. 主播专业招聘渠道

直播行业快速发展壮大的过程中，为了适应和解决行业人才短缺的问题，市面上陆续出现了专业的主播招聘网站和 App。这些直播行业的垂直招聘网站或 App，使得经纪人招聘主播的过程变得简单、直接和高效。图 2-27 所示为专业的主播招聘网站。

图 2-27　专业的主播招聘网站

2.4.3　招募主播的技巧

在招主播之前，我们应该学会如何选主播，了解什么样的主播最受欢迎，能带来最大的收益。长相、情商和才艺是评判优质主播的三大要素，只要具有三个要素中的任一个，这个主播就值得去招募。

招募成熟的主播，最好的方式就是通过直播平台去"挖人"，总体可以分为三步，第一步得到联系方式；第二步转换、录入；第三步维护录入的主播，如图 2-28 所示。

1. 得到联系方式

加主播微信的主要目的也是为了转化主播，让她变成自己的主播，这个时候经纪人应该带有目的去加主播的微信，多去思考什么样的主播能被转换。第一是那种新手主播，刚开播没多久的，这种很好转化。第二是那种开播很久了，但又不收钱，主播的公会对她来说又长期处于"散养"状态，这样的主播也容易转换。

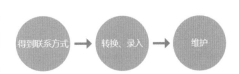

图 2-28　招募成熟主播的步骤

进入直播间后，首先看主播的相貌、礼物榜和主播等级，简单了解一下这个主播业务能力，其次看看主播的直播环境，了解一下主播是在公司播还是在家播。然后问问主播直播的时间，一般什么时候直播等。经纪人必须充分了解主播，才能判断出是不是目标主播。至于如何拿到主播的联系方式，就要看经纪人的情商了。

可以多下载一些直播平台，发私信，大规模撒网。比如快手和抖音这些短视频平台，通过私信拿到主播的微信。话术："你好，合作？""你好，接电商？"。快手平台每个账号每天可以发 10 ～ 15 个私信；抖音平台每天可以发 150 条私信。

也可以通过 QQ 群、微信群寻找有潜力的主播。经纪人也可以在论坛、贴吧、百家号、头条和大鱼等平台上撰写软文，做宣传，总有一些想做主播的人搜到你并主动联系你。

2. 转换、录入

转换就是要把得到联系方式的主播变成你自己的主播，至于如何让主播愿意跟随你，做你的主播，这个时候就非常考验运营的水平了。要多换位思考，多站在主播的角度思考问题。主播需要什么，直播中遇见什么问题，你能满足她这些需要，解决这些问题吗？当你能满足她的需求，提高她的流水，那么她没理由不跟你走！一个好的运营不但需要专业的知识，也需要一些技巧，比如发朋友圈，打造你的人设，让人知道你是做直播行业的，朋友圈能让你以前没能转换的主播，突然有一天主动找上门来。

3. 维护

维护就是把录入的主播维护好，不至于被别的运营挖走。毕竟你能从别的经纪人手里面挖主播，同样的别人也会从你这儿挖走你的主播。主播在直播的过程中总会遇见很多问题，心态也时常变化。经纪人的作用在这个时候就显得尤为重要了。只有主播能稳定地播，流水才能越来越高。

2.5　主播经纪人的职业能力

一个主播经纪人想要成为业内顶尖人员，不仅要对直播行业的现状有足够充分的了解，包括主流秀场、游戏或电商直播平台分成体系、流量规模和流水规模等；还要对各个平台的业务重点、优势品类和主播策略有足够的了解。以上都是主播经纪人必须具备的职业能力，而这些能力主要以性格层面、沟通层面和业务层面这 3 个层面的内容为主。

2.5.1　性格层面

想要成为一名优秀的主播经纪人，应该具有耐心的性格倾向。从性格层面上分析，具有耐心的人，能够在颇为浮躁的社会和缤纷的行业中拥有较为平稳的心态。而平稳的心态，可以促使经纪人保持不掺杂主观因素的态度去对待主播。

由于主播资源是需要不断累积的，所以经纪人和主播的沟通需要保持耐心并长期维护，这使得耐心且不浮躁的性格特征，成为主播经纪人最基本的职业能力要求。

2.5.2　沟通层面

有些人像收音机，如果找对了开关选对了台，他们就会喋喋不休，直到将电池耗尽。说的就是主播经纪人，能说会道，口才好，是从事直播经纪人的基础技能。

在实际的工作中，主播经纪人需要和不同类型的人进行沟通和协商。

- 前期：发现具有潜力的主播并说服其签约到公司；
- 中后期：当运营部介入为主播制定策划、运营方案时，需要经纪人在中间完成沟通协调的工作；

- 后期：主播达到接广告的量级时，经纪人需要跟品牌方谈判广告方案以及价格，还要平衡品牌方、主播和公司三方的利益。

每个人的性格和感情释放方式都不相同，拥有强烈与人沟通欲望的经纪人，更易完成工作。所以，沟通成为主播经纪人必须拥有的第二个职业能力。

2.5.3 业务层面

想要成为优秀的主播经纪人，必须具备一定的业务知识，还要熟悉业务操作流程。如果经纪人为团队制定的整体规划不切合实际，将导致招聘的主播无法满足业务需求。此时，团队中的运营极大概率会与经纪人产生工作摩擦，最终使整个团队陷入停滞状态。因此，作为经纪人，了解行业详情、熟悉业务流程和学习业务技能，是其必备的基本能力之一。下面是经纪人应该具备的业务技能。

1. 市场认识

通过一些知名投资机构出具的市场研究报告、大咖分享以及行业分析等，对 MCN 市场、主播市场的发展进行实时了解。

2. 方法论

熟知运作明星和主播的方法论，通过对各个垂直行业的头部主播进行运营分析和复盘，学习高人气主播的操作方法论。

3. 平台运营机制

熟悉各大直播和短视频平台的运营机制，每周参与公司内运营部门的专业培训，收集关于各大平台运营机制的资料，如图 2-29 所示。

小红书KOL养成　小红书报告　小红书爆红背后　小红书营销的实　运营技能地图
方法论　　　　　　　　　的运营逻辑　用方式与方法

图 2-29 各大平台运营机制的资料

4. 品牌资源积累

主播经纪人签约主播后，当主播的内容和粉丝达到一定量级时，就可以开始接广告将粉丝变现，同时会有商务销售团队配合主播完成变现。

作为主播经纪人，自身需要具备一定的品牌资源库，用以供给主播完成变现。经纪人可以利用各类线上 App，定期积累不同行业的品牌方人脉资源，或者在线下参加各种社交活动用以认识品牌方负责公关的人。

5. 制作PPT、报价方案

主播经纪人需要为可以接广告的主播制作报价方案的 PPT，以供品牌方观看。制定 PPT 时，需要扬长避短，全方位展示主播的优势，以及向品牌方展示，在哪些方面有更好的结合（好的内容包括版面、主播形象和直播细节）。每个月都要根据主播的各项数据和内容情况，再参照市场竞品调整当月的报价方案。主播经纪人的敏锐市场感知力，可以避免报价太高或报价太低造成的损失。

6. 个人形象

虽然主播经纪人是主播背后的操盘手，并不需要向观众展现外形、能力等，但是一个人的专业能力往往体现在细节处。例如主播和品牌是美妆、时尚类的，作为主播经纪人就需要从内到外具备这些素养，才能得到主播和品牌方的信任，所以主播经纪人的形象还是很重要的。

2.6　经纪业务的运作流程

如果主播经纪人是刚刚进入行业的新人，其工作内容比较复杂和琐碎。具体的业务运作流程如下。

（1）建立并拓展主播招募渠道；

（2）整理统一的沟通话术，根据不同主播需求，制定不同应对策略；

（3）完成目标主播建联；

（4）公司介绍及合约待遇沟通，发起入会邀约；

（5）协助完成主播入会，资料归档与优质报备；

（6）主播初步培训与试播考察；

（7）与运营协同做好主播首月开播帮助与管理。

当主播经纪人签约到的新人主播达到一定量级后，主播经纪人自身的工作内容出现新的范围，包括下列工作内容。

（1）负责规划主播的发展方向，并根据主播的特点给予宣传导向；

（2）负责安排主播的市场开发活动、形象代言和广告拍摄等相关工作；

（3）与部门领导协调制定艺人发展计划和预算，并改进艺人管理系统和相关流程；

（4）协助上级共同推广主播并创造价值；

（5）提升公司外部形象，发展公司品牌影响力。

案例　带货直播团队组织架构

老师带领学生进行分组，每组 6～10 人，组内成员分别扮演主播、直播间中的各类负责人以及直播观众，模拟和体验真实的直播效果。图 2-30 所示为直播间负责人的分类。

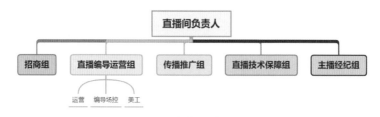

图 2-30　直播间负责人的分类

招商组（1 人）

负责新客户对接、客户需求整理、服务合同拟定、合作客户产品需求对接和现有客户维护。

直播编导运营组（3 人）

直播运营（1 人）

直播间选品以及产品促销政策对接；

直播间建立、直播流程制作、直播方案制定、直播活动方案策划；

直播间数据分析以及粉丝维护；

直播间推广方案制定以及推广渠道对接。

编导场控（1 人）

直播间现场设备控制；

与主播沟通当日直播活动方案的执行节点以及注意事项；

直播现场问题总结与意见反馈；

直播脚本的编写以及执行配合。

美工（1人）

负责直播间封面素材制作、直播间场景设计以及制作、达人账号装修和宣传推广素材制作。

传播推广组（1人）

负责直播间所需素材的拍摄、剪接和后期包装；

负责相关后期工作的图像处理；

完成相关产品宣传片、活动宣传片、主播视频等的合成制作；

按照直播间的编排，完成节目的制作以及合成；

在剪辑中配合编导构思实现直播间专题片的制作，并能提供合理化建议，不断提升节目质量；

配合团队完成直播间相关素材的后期制作，线下活动的后期包装设计等。

直播技术保障组（1人）

直播间设备选型与采购、直播间设备调试以及问题处理、直播现场后台设备操控、直播间场景物料更换、直播过程技术保障和直播间网络规划。

主播经纪组（1人）

招募新主播，按公司要求完成新主播的视频录播，及主播审核流程，维护主播资料；

负责维护直播日常工作，帮助解决日常问题，管理和统筹安排所负责主播的日常主播工作；

完成每月的业绩目标分解，并定期汇总所负责主播的业绩，按要求提交报表；

跟踪主播的直播效果，对主播进行日常的沟通指导，协调主播的整体培训工作。

2.7　本章小结

本章中主要讲解了主播经纪人的相关知识。具体内容包括主播经纪人的含义、主播经纪人的特征、主播经纪人与主播的关系、招募主播的渠道和技巧、主播经纪人的职业能力以及经纪业务的运作流程等，同时在大量的知识点中增加案例和课堂讨论，帮助读者快速理解和掌握相关知识。

第3章 主播的经纪机构

社交媒体时代的主播不再满足流量所带来的虚荣和名气，而是直接走向商业运营的前台，成为宣传和带货盈利的渠道，也成为资本追逐的目标。然而，随着账号运营和社交媒体原本猎奇后会减弱热度的特征，不少主播也迅速从流量巅峰走向了衰落，被粉丝、流量甚至资本抛弃，却找不到原因。如何维持流量的可持续性，以及实现更多商业化的发展，社交新媒体的机构化逐渐显现出来。

本章将向读者详细讲解主播经纪机构的定义和发展史，经纪机构的价值和盈利模式等内容，帮助读者更加透彻和清晰地理解经纪机构的含义、作用和价值以及经纪机构与各方的关系等内容。

3.1 MCN 的含义

当一个行业的需求不断扩大后，随之将会围绕这个行业迅速形成产业链，主播行业也不例外。现阶段的直播行业链条角色分工明确，已经形成并完善了产业化的发展，这个时期想要通过个人的努力跻身头部主播的机会变得寥寥无几，于是，MCN 模式和 MCN 机构运用而生。

3.1.1 MCN 的定义

MCN 这个概念最早诞生于视频网站 YouTube 平台，是 YouTube 为了更好地链接内容创作者而衍生出来的一种行业模式。其本身是一个由外引进的商品概念，也就是大众熟知的"舶来品"。

MCN 全称是 Multi-Channel Network，直译即多频道网络，一种多频道网络的产品形态。在引入我国之后衍生了新的含义，即是一种新的红人经济运作模式。它的目的是将内容方联合起来，在资本的不断支持下，保障内容质量的同时并使其不断输出，从而实现由内容生产到商业稳定变现的目的。MCN 的辐射范围包括内容方、平台方和广告商，如图 3-1 所示。

图 3-1 MCN 的辐射范围

MCN 在整个新媒体产业链里位于中游位置，其上游是提供资金的广告商，下游为内容分发及变现平台，如图 3-2 所示。

按照内容的输出方和种类的不同可以将内容方分为 PGC、UGC、PUGC 和 OGC 四种。

1. PGC

PGC 全称是 Professional Generated Content，指专业生产内容，是一个互联网术语；也泛指内容个性化、视角多元化、传播民主化以及社会关系虚拟化的内容。

2. UGC

UGC 全称是 User-generated Content，指用户生产内容，同样是一个互联网术语。UGC 的主体是一般用户，即某平台的一般用户创造的内容。

图 3-2　MCN 在新媒体产业链中的位置

3. PUGC

PUGC 全称是 Professional User Generated Content，指以 UGC 形式产出的，相对接近 PGC 的专业内容。

4. OGC

OGC 全称是 Occupationally-generated Content，职业生产内容，通过具有一定知识和专业背景的行业人士生产内容，并领取相应报酬；OGC 有两种主体，第一种是新媒体从业者、新闻背景工作者和传媒行业人员；第二种是某些行业的精英或专业人士，其拥有的某项特长可以生产 OGC。

PGC、UGC 和 OGC 并不是一成不变的，是可以进行转化的。PGC 是随着互联网发展，从 UGC 中细化的一个分支。所以好的内容可以从 UGC 转化为 PGC。如果 PGC 具有一定的商业价值，PGC 内容即可转化为 OGC，如图 3-3 所示。

在直播行业的产业链中，一方是互联网平台，另一方是数以万计的活跃账号，MCN 发展为双方的联结器，通过持续输出优质的内容（UGC、PGC 和 OGC）来吸引大量粉丝聚集，从而引起广告主和投资商的兴趣，最终达到

图 3-3　三者的转化关系

流量变现的目的。目前，在我国的互联网生态中，使用 MCN 模式进行运作的短视频、电商或直播公司，被称为 MCN 机构。

案例　UGC、OGC和PGC的关系

以微信公众号 UGC 和 PGC 做得都很好的"胡辛束"为例，胡辛束最开始做的是以 UGC 为主的内容输出，后来开始有兰芝、bite 等知名化妆品公司来请他做 PGC。比如一个唇膜广告，他不是让别人直接去买这个产品。而是先说女生的唇很重要，要好好保护；然后又说女生的唇因为珍贵，所以要用最好的护唇膜；最后才说，兰芝的护唇膜虽然贵但是好呀。最终给了一个粉丝们购买的理由。但如果是兰芝 OGC 自己来做品牌宣传，说怎么好怎么好，有人会信吗？没人信！所以 PGC 的发光之处在于原本企业 OGC 做的内容通过自媒体 UGC 的方式给做出来了，变得有人看，有人相信了！

　　课堂讨论：　由于在目前的经济形势和行业生存环境下，单独的内容不太好存活，所以单独的 PGC 或 UGC 如果不寻找优质的机构进行挂靠，将很难成长为头部，最后势必会被淘汰，这是否成为 MCN 机构发展的必然趋势？

3.1.2 我国 MCN 机构的发展史

我国的 MCN 机构作为"舶来品",在国内短视频行业和社交媒体平台起步阶段开始出现,经历了 2017—2019 年的爆发式发展之后,在 2020—2021 年,我国的 MCN 行业已经进入完善期,大部分主播选择与 MCN 机构签约。在内容电商变现中,头部 MCN 机构的占比为 70.5%。头部主播对 MCN 机构的青睐,能够体现 MCN 机构通过更精准的流量引导、分发渠道和内容开发等方式,为主播赋予更有效的商业变现方式。表 3-1 所示为我国 MCN 机构的发展史。

表 3-1 我国 MCN 机构的发展史

阶 段 名 称	时 间 线	描 述
萌芽期	2012—2013 年	短视频行业开始起步,微博和微信等平台开始生态商业化战略部署
发展期	2015—2016 年	在资本风口下,短视频 PGC 创业浪潮兴起,从而出现了单一账号到多账号的矩阵孵化模式,继而出现电商和付费等多种商业模式
爆发期	2017—2018 年	各大平台转型并推出"内容补贴"战略,同时吸引大批具有主播的直播公会经纪机构转型为 MCN 机构,在短视频行业高速发展的背景下,资本、PGC 以及流量平台多方面因素的影响下,行业迎来井喷式增长
进化期	2018—2019 年	一方面,原有 MCN 机构强化内部效率与核心竞争力,提高去除流量红利之后的竞争力与发展机遇,从而诞生大型公司;另一方面,依托新平台的崛起,新的 MCN 机构还在不断涌现
完善期	2020—2021 年	MCN 机构逐渐走向完善,在电商变现中,MCN 机构通过整合生产链的上下游,形成商业变现闭环,最终能够带动产业发展

3.1.3 我国 MCN 机构的五大现象

MCN 经历了 2019 年的爆发期和 2020 年的自我完善后,现如今的 MCN 行业呈现以下 5 大现象,包括主播之间竞争激烈、股权结构呈现家族化特征、公域流量依赖症、人才地域性变化以及流量集中又分散,如图 3-4 所示。

1. 主播之间竞争激烈

在飞速发展的"主播经济"背景下,越来越多的优质 PGC 不断涌入 MCN 机构或平台,主播数量持续攀升。而在用户对于新兴专业的内容需求进一步增加的背景下,越来越多具备专业知识的人才也纷纷加入了 PGC 或主播行列。

随着越来越多优质 PGC 或主播的加入,激烈的"注意力"争夺战,导致头部主播的流量增速变缓,或者陷入增长瓶颈,从而缩短头部主播的生命周期。图 3-5 所示为抖音平台中的科普类和垂直专业类主播。

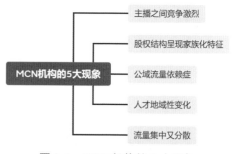

图 3-4 MCN 机构的 5 大现象

如今,主播想要单纯依靠优质内容获取用户已经变得较为困难,越来越多的主播采取跨界"破圈"、投资和"艺人化"等方式,提高自我商业价值的同时延长生命周期。

2. 股权结构呈现家族化特征

从目前的一些头部主播所属的 MCN 机构来看，MCN 机构的股权结构呈现非常明显的家族化特征。例如头部主播在一些盛典中发表获奖感言时，都会提及自己的家人，这是由于他的家人在其所属的 MCN 机构中，都处于非常重要的位置。图 3-6 所示为某著名头部主播所属MCN 机构的股权结构。

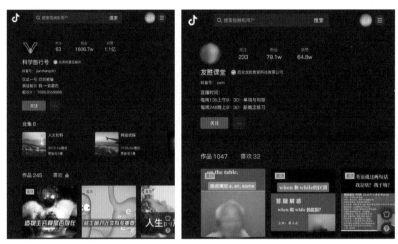

图 3-5　抖音平台中的科普类和垂直专业类主播

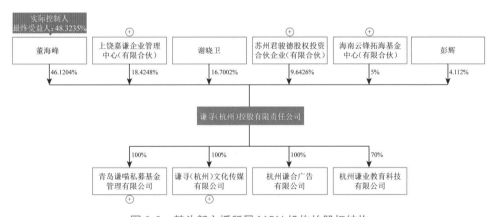

图 3-6　某头部主播所属 MCN 机构的股权结构

综合大多数头部 MCN 机构的股权结构来看，部分 MCN 机构由夫妻、兄弟姐妹或同学朋友共同创立，是以股权结构呈现家族化特征，其中，头部机构的家族化特征尤为明显。该种MCN 机构往往股权稳定、合作信任度高且稳定性也相对较强。

在这样的 MCN 机构中，不同的角色能力互补且分工明确。在此基础上，机构往往能够快速发展。而主播在机构中的合伙人身份，适当降低了他们的"出走"风险，使主播后续的发展规划更加多元化，同时能够实现价值最大化。

3. 公域流量依赖症

如今将近 80% 的内容型 MCN 机构，其流量投放费用高居经营成本的第二位。而过度依赖流量投放，会进一步降低机构业务发展的安全感。

案例 电商型MCN机构的公域流量依赖症

随着电商平台的流量逐渐向商业化倾斜，站内流量生态开始发生转变。在此基础上，对公域流量依赖性越来越强的电商型 MCN 机构，将出现没有流量就难出销量的情况，同时增高的流量投放成本促使 MCN 机构的运营成本进一步增加。

4. 人才地域性变化

现阶段，MCN 机构在地域的选择上也发生了变化，包括电商型 MCN 机构普遍转移向"江南"地区，而部分内容型 MCN 机构则将团队转移到二线城市。

电商型 MCN 机构的地域变化，与"江南"地区的电商产业链完善以及浓厚的生态氛围有直接联系；也离不开"江南"地域具有充沛的主播、电商人才和优质资源等，还离不开集聚效应所形成的集中直播电商场域。同时政府的利好政策，更是为该地域变化形成了一大助益。

部分内容型 MCN 机构向二线城市转移，主要是因为长沙、武汉和成都等二线城市的内容人才活跃，并且城市具备主播基因，同时劳动力成本和办公场地成本也更加低廉。

数据显示在 2020 年，MCN 机构主要在浙江和广东成立新公司 / 分公司。其中，浙江省整体占比达到 16.9%，新增注册 16.4%，广东省紧随其后，整体占比达到 13.2%，新增注册12.6%。

5. 流量集中又分散

从各平台来看，MCN 机构的流量既集中又分散。集中是指流量集中在头部平台、头部机构和头部主播，分散则是指流量分散在各平台，包括头部平台、新平台以及其他具有内容和社交属性的平台。

3.2 MCN 机构的分类及特点

截至目前，我国 MCN 机构数量已超 3 万家。数量如此庞大的 MCN 机构，可以按照不同的划分依据将其细分为多个种类。主要的划分依据包括依托平台、产出内容、量级规模、主营业务和团队基因五个方面，如图 3-7 所示。在不同的分类标准下，MCN 机构类型的特点各有不同。

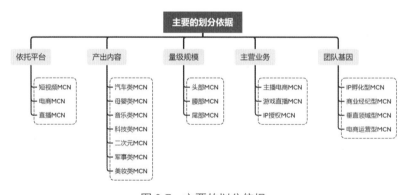

图 3-7 主要的划分依据

1. 依托平台

根据依托平台对 MCN 机构的种类进行划分，可以分为短视频 MCN、电商 MCN 和直播MCN 三类，代表机构有微龙文化、热度传媒和杭州美 ONE 等，如图 3-8 所示。

图 3-8　依托平台类 MCN 的代表机构

该类 MCN 机构的特点是账号的主要投放平台不同，例如薇龙文化 MCN 主要依托游戏直播平台，热度传媒 MCN 主要依托抖音和快手等短视频平台，而美 ONE 则主要依托淘宝直播的电商平台。

2. 产出内容

根据产出内容的不同对 MCN 机构进行划分，可以分为汽车类 MCN、母婴类 MCN、音乐类 MCN、科技类 MCN、二次元 MCN、军事类 MCN 和美妆类 MCN 等，代表机构有车影工场和军武科技等，如图 3-9 所示。

图 3-9　产出内容类 MCN 的代表机构

该类 MCN 机构的特点是输出内容的所属行业不同，例如车影工场 MCN 的产出内容全部围绕汽车展开，而军武科技 MCN 的产出内容主要围绕军事展开。

3. 量级规模

根据 MCN 的不同量级规模进行划分，可以分为头部 MCN、腰部 MCN 和尾部 MCN 三种，代表机构有蜂群文化、大禹、门牙视频和网星梦工厂等，如图 3-10 所示。

图 3-10　量级规模类 MCN 的代表机构

该类 MCN 机构的特点是商业规模和运营规模的量级不同，例如蜂群文化 MCN 发展至今，团队如今已扩张到 500 多人，也成功在各大社交媒体平台孵化出众多现象级主播，旗下孵化及签约主播 1000 余位，全网粉丝覆盖高达 7.3 亿人群，属于头部 MCN。

4. 主营业务

根据 MCN 机构主营业务的不同进行划分，可以分为主播电商 MCN、游戏直播 MCN 和 IP 授权 MCN 三种，代表机构有如涵控股、缇苏文化、十二栋文化和吾皇万睡等，如图 3-11 所示。

该类 MCN 机构的特点为不同的业务范围以及行业定义，例如如涵 MCN 的主营业务范围是主播孵化和广告营销等，属于主播电商 MCN；缇苏文化 MCN 的主营业务包括签约主播、自媒体广告和电商运营，同样属于主播电商 MCN；而十二栋文化 MCN 和吾皇万睡 MCN 的主营业务分别是角色形象孵化授权和国画 IP 孵化和授权，都属于 IP 授权 MCN。

图 3-11　主营业务类 MCN 的代表机构

5. 团队基因

根据 MCN 机构的突出优势对其进行细分，可以分为 IP 孵化型 MCN、商业经纪型 MCN、垂直领域型 MCN 和电商运营型 MCN 四种，代表机构有米未传媒和洋葱视频，如图 3-12 所示。

图 3-12　团队基因类 MCN 的代表机构

该类 MCN 机构的特点是不同的核心竞争优势，例如米未传媒 MCN 的核心竞争优势为互联网内容的生产、开发及衍生，属于垂直领域型 MCN；洋葱视频 MCN 的核心竞争优势是将素人打造成成熟主播，属于商业经纪型 MCN。

新媒体 MCN 机构是一种新兴的行业机构，它有着多样性和特殊性，作者们更是特立独行，有着各自对作品的理解和思路，如果机构的管控性较差，会出现作者跳出去马上就成立一家新机构带走流量。由于作者的主导性太强，在现实的管理中大量出现机构亏钱，而流量作者赚得盆满钵满的情况。这种机构不同于影视机构下的经纪公司，也不同于广告业态下的策划方案公司，它更多是体现以作者为主导的形态。

3.3　MCN 机构的价值

行业的井喷，推动着众多单一的新媒体流量创作者朝着"规范化、公司（机构）化、规模化"方向发展。新媒体作者机构化的好处很多，有更多的团队人员保障作品的创作，有更多的思路和创意能够保障作品的新颖性，使其账号的热度维持在一个较高的水平，专业类型的作者能够创做出一些更有深度，其能够有数据支撑和分析思路正确的作品，娱乐性作者能够更好、更快速地抓住热点，多人对账号的管理和互动，可以极大地增加账号粉丝的黏性，也能够有专人去梳理账号变现和商业合作的思路，为创作更好的作品提供资金的保障。

MCN 机构能够提供的价值可以分为提供弥合信息、效率价值和建立受众池三类，如图 3-13 所示。

1. 提供弥合信息

在直播行业中，主播、平台、用户（A 端是开发界面、B 端是商家界面、C 端是用户界面）和广告主之间永远存在着信息不对等的问题，该问题很容易造成双方合作过程中出现差错或合作破裂，这时提供弥合信息服务的机构其价值就得到很好地体现。

这些弥合信息不仅促使信息不对等的工作可以顺利进行下去，还对于快速更新迭代的内容产业也有着重大的意义。

例如大量新主播与用户和广告主无法产生密切联系，也就无法得知用户和广告主的需求，此时 MCN 机构整理的弥合信息（行业经验或者公式）对主播来说是非常有价值的，将经验或公式打包成服务售卖给主播，可使三方同时受益，如图 3-14 所示。

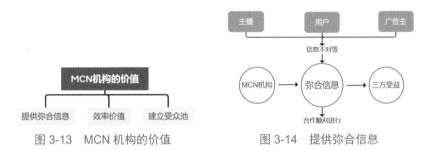

图 3-13　MCN 机构的价值　　　　图 3-14　提供弥合信息

2. 效率价值

除了提供弥合信息外，MCN 机构具有的效率价值也非常适用于主播。MCN 机构的效率价值表现在三个方面，包括具有较强的内容判断及制作能力；具有模版化和工业化的生产机制；同时具有超强的流量控制力，能够从内容生产和消费两端实现调控最终形成匹配。

同时，机构对主播的服务能力也非常重要，必须让主播们明且甘愿成为一个纯内容生产者，方便 MCN 机构为其提供非常专业的、细致的和体系化的服务。

3. 建立受众池

新媒体时代，每个人都可以成为内容生产的主体。在网络视频领域，媒介生产与消费的内在关系，促使主播更加积极地生产碎片化内容，这样不仅提高了粉丝关注度，也能进一步加强主播与粉丝之间的联系，甚至将一些粉丝转化成主播的"铁粉"。这些"铁粉"对内容进行转发或评论，从而促使主播获得更强的创作动力，最终形成一系列的良性循环。

在这个循环中，长期追随高人气主播的大量粉丝，成为 MCN 机构建立的"受众池"。因为受众的喜好是影响主播的关键因素，因此"受众池"中的粉丝甚至可以直接影响主播的工作计划和方向。例如经常会在发布的视频或直播中看到其询问粉丝想看哪方面的内容，或者对哪方面的话题感兴趣等。

综上所述，一旦 MCN 机构建立起"受众池"，主播就可以吸引更多的潜在受众，并且从"受众池"中获得丰富的灵感与建议，从而提高内容质量，再进一步提升主播的整体内容质量和制作水平。

3.4　MCN 机构与平台的关系

在直播行业的产业链中，平台（抖音、快手和小红书等）、主播和 MCN 机构都是重要组成部分。其中，MCN 机构与平台为供需关系。

1. 初期

在直播行业的初期发展中，主流视野大多聚焦于抖音、快手和淘宝等平台以及几个头部主播上，此时的 MCN 机构在一定程度上被忽视；同时，由于发展初期行业规则不完善，使 MCN 机构与平台的供需关系不明朗。而大众对 MCN 机构还没有认知印象，极少数知道 MCN 机构的人，其对 MCN 机构的印象也维持在"中介公司"上。

2. 现状

经历了 2019 年"电商直播元年"后，自媒体电商及直播带货的发展开始迅猛增长，使得数据监测、竞品分析和知识学习等直播类支持工具被大范围开发并使用，同时这些工具也为电商业务发展提供了更多有力的支持。

2020 年，MCN 机构重点营收方式布局占比中，电商变现的占比高达 46%，其中的 40.2% 来自电商直播业务。电商变现反超广告营销变现，促使其成为 MCN 机构 2020 年重点布局的营收方式。于是，各平台开始探索自己的道路以吸引更多的内容创作者与用户进入平台。此时，平台的需求变大，平台与 MCN 机构的供需关系愈发明显。在此基础上，各平台在内容格式和流量模式等方面的差异化愈发明显。

相较之前 MCN 机构对于平台的激烈争夺与依附，现在的 MCN 机构更为理智，表现为各个 MCN 机构会根据平台的特质以及相关政策进行选择。而平台则需要不断地提高自身的多重价值和搭建更为优质的生态，用以吸引 MCN 机构和内容创作者入驻，平台的发展势能逐渐成为决定双方关系的关键条件。

3.5　MCN 机构与主播的关系

随着互联网的不断发展，现阶段，主播已经成为了炙手可热的职业。从长久的发展来看，主播与 MCN 机构主要有三种法律关系，包括劳动关系、复合型关系和股权关系，如图 3-15 所示。

图 3-15　主播与 MCN 机构的法律关系

3.5.1　劳动关系

可以将主播和 MCN 机构之间的关系认定为劳动关系，依据如下。

首先，主播和 MCN 机构都符合法律、法规规定的主体条件；其次，MCN 机构对主播实施了《中华人民共和国劳动法》意义上的管理行为，即双方存在明显的隶属关系，例如在签约合同中详细规定了试用期、合同期限、工作时间、工作地点、工作内容、休息休假和社会保险等劳动合同应该具备的主要条款；再者，MCN 机构基于合同向主播支付了劳动报酬，例如在签约合同中详细约定劳动报酬的金额和支付形式等条款；最后，主播提供的劳动是 MCN 机构的业务组成部分，也就是说主播提供的劳动应该属于 MCN 机构本身的经营范围。下面将详细叙述将主播和 MCN 认定为劳动关系的相关法律规定。

1.《关于确立劳动关系有关事项的通知》(劳社部发〔2005〕12号)

第一条规定：用人单位招用劳动者未订立书面劳动合同，但同时具备下列情形的，劳动关系成立：(一) 用人单位和劳动者符合法律、法规规定的主体资格；(二) 用人单位依法制定的各项劳动规章制度适用于劳动者，劳动者受用人单位的劳动管理，从事用人单位安排的有报酬的劳动；(三) 劳动者提供的劳动是用人单位业务的组成部分。

2.《劳动合同法》

第十七条规定：劳动合同应当具备以下条款：

(1) 用人单位的名称、住所和法定代表人或者主要负责人；

（2）劳动者的姓名、住址和居民身份证或者其他有效身份证件号码；

（3）劳动合同期限；

（4）工作内容和工作地点；

（5）工作时间和休息休假；

（6）劳动报酬；

（7）社会保险；

（8）劳动保护、劳动条件和职业危害防护；

（9）法律、法规规定应当纳入劳动合同的其他事项。劳动合同除前款规定的必备条款外，用人单位与劳动者可以约定试用期、培训、保守秘密、补充保险和福利待遇等其他事项。

案例　主播和MCN机构之间属于劳动关系

法院观点：MCN 机构与主播之间系劳动关系。

案件中，双方当事人符合法律法规规定的主体资格。双方之间签订艺人培训及演艺经纪合同，同时将签约主播管理制度作为合同的附件，在签约主播管理制度中规定了严格的管理规章制度和薪酬计算方式，且约定 MCN 机构对主播展开全方位专业培训和制定培训计划，MCN 机构独家拥有主播在线演艺直播活动的音视频内容及其关联内容的版权。主播工作时间及工作场所均需按照签约主播管理制度要求执行。综上，双方之间具有明显的人身从属性，符合劳动关系特征。

也就是说，主播与 MCN 机构在签订合同时，约定了严格的规章管理制度和薪酬计算方式，主播的工作时间和工作场所需要按照规章制度严格执行，这就表明了 MCN 机构对陈娟存在经济上和人身上的隶属关系，从而法院认定构成劳动关系。

案例　主播和MCN机构之间不属于劳动关系

法院观点：主播与 MCN 机构之间不符合劳动关系的法律特征。

首先，从管理方式上看，MCN 机构没有对主播进行劳动管理。尽管双方合作协议对主播的月直播天数及直播时长做出了约定，且 MCN 机构可能就直播间卫生、休息时间、就餐地点和工作牌遗失损毁等问题对主播进行处罚，但这些均应理解为主播基于双方直播合作关系应当履行的合同义务，以及应当遵守的行业管理规定，并非 MCN 机构对主播实施了劳动法意义上的管理行为。其次，从收入分配上看，MCN 机构没有向主播支付劳动报酬。主播的直播收入虽由MCN 机构支付，但主要是主播通过网络直播吸引粉丝依靠打赏所得，MCN 机构仅是按照其与直播平台和主播之间的约定比例进行收益分配，MCN 机构无法掌控和决定主播的收入金额，双方在合作协议中约定的保底收入应属于 MCN 机构给予直播合作伙伴的保障和激励费用，并非主播收入的主要来源。再次，从工作内容上看，主播从事的网络直播活动并非 MCN 机构业务的组成部分。主播从事网络直播的平台由第三方所有和提供，网络直播本身不属于 MCN 机构的经营范围，MCN 机构的经营范围仅包括直播策划服务，并不包括信息网络传播视听节目等内容。

也就是说，MCN 机构并没有对主播进行劳动管理，也没有向其支付劳动报酬，因此法院认定二者之间不构成劳动关系。

综合两个案例，判断 MCN 机构与主播之间是否属于劳动关系，其关键在于主播是否与 MCN 机构之间存在经济和人身的隶属关系，如图 3-16 所示。

图 3-16　劳动关系确立的条件

3.5.2　复合型关系

通过观察司法实践，MCN 机构与主播签订的合作协议书和演艺经纪合同等，一般将涉及多种权利义务关系，可以归纳为平等主体之间签订的复合型合作协议，此种协议通常包括了形象包装、培训、商业运作、宣传和账号归属等多方面内容。

从合同性质来看，复合型关系兼具了委托合同、居间合同、合作合同和经纪合同等多种合同的性质，如图 3-17 所示。

图 3-17　复合型关系的多种合同性质

案例　主播与MCN机构之间的复合型关系鉴定

法院观点：原告主张双方为劳动关系，被告予以否认，故本案争议的焦点是原、被告之间法律关系属性的认定问题。劳动关系是双方当事人通过合意由劳动者一方提供劳动、用人单位一方给付报酬所形成的具有经济人身从属性的权利义务关系。

本案中，原告和被告双方签订的《抖音达人合作协议书》中明确约定双方就合作相关事宜签订协议，合同主要条款包括合作模式、合作内容、双方权利义务、知识产权、违约责任等内容，其形式上属于合作合同。

也就是说，经过鉴定，主播与 MCN 机构属于复合型关系而不是劳动关系。

案例　主播与MCN机构之间的复合型关系鉴定

法院观点：主播方仅为 MCN 机构签约的主播，其与 MCN 机构签订的合同兼有多种合同特性，包括劳务合同、居间合同和合作合同等，但却与普通意义上的劳动合同不尽相同。

最后，合同中第七条第一款约定："甲方在征得乙方同意后，可转让甲方在合同中的权利义务。"而劳动关系中用人单位不能将劳动者转让给其他用人单位。因此，鉴定主播与 MCN 机构之间属于平等民事主体间的合同关系，而不是劳动合同关系。

综合两个案例，通过相关司法案例的研读，可以发现目前不少主播会与 MCN 机构签订复合性质的协议。实际上，MCN 机构对于一些新入行的主播不仅仅是经济上和人身上的管理，同时还需要对其重新进行包装和介绍资源等，所以大量的复合型合同主要是针对一些刚入行的主播。

3.5.3　股权关系

在讲解 MCN 机构和主播的股权关系之前，首先需要明确，在《公司法》中有关特殊持股比例的规定。

（1）绝对控制权 67%，可以修改重大事项，包括修改公司章程、增加或者减少注册资本的决议以及公司合并、分立、解散或者变更公司形式的决议等，如图 3-18 所示。（参见《公司法》第四十三条）

（2）相对控制权 51%，可以相对地控股股东和公司，还可以决定除上述重大事项以外的普通事项，例如决定公司的经营原则和投资方案等事项，如图 3-19 所示。

图 3-18　绝对控制权　　　　　　图 3-19　相对控制权

　　股权关系主要是针对现阶段拥有超高流量的头部主播。也就是说，当主播拥有较高的流量和人气，并且可以给 MCN 机构带来较大收益时，MCN 机构都会考虑将主播发展为股权关系。例如淘宝头部主播李佳琦在 2019 年成为美 ONE（MCN 机构）的合伙人，但是发展股权关系不意味着直接将主播入股 MCN 机构。

　　例如李子柒在 2016 年 9 月开始与杭州微念（MCN 机构）合作，2017 年 7 月，李子柒与杭州微念更换合作模式，合约模式转为合资模式。而杭州微念科技有限公司与李子柒的合资模式是通过下设子公司的形式，李子柒持有子公司 49% 的股权。如此，MCN 机构不仅能够规避经营中的风险，同时在持有 51% 股权的情况下能够对子公司的利润分配进行决策。四川子柒文化传播有限公司的股权架构，如图 3-20 所示。

图 3-20　公司股权架构

　　综上所述，可以发现在"李子柒系列事件"中，杭州微念作为控股股东，是四川子柒的最大受益者，而根据相关信息显示，目前杭州微念一共有 22 个股东，但其中并无有李子柒的任何相关信息。

　　为了避免不必要的纠纷，更好地维护双方的权利义务关系，建议主播与 MCN 机构在订立合同时，要将合同的性质进行明确。同时，不管采用何种合作方式，都必须重点关注合同解除、违约金和账号归属等容易引起双方纠纷的条款。

3.6　MCN 机构与经纪人的关系

　　一般情况下，主播经纪人是 MCN 机构中提供的一种职位。但随着直播行业的不断发展壮大，一些主播经纪人手中的主播资源和商务资源逐渐加大，主播经纪人和 MCN 机构的利益冲突也越发突出。当一个主播经纪人已经拥有一定的资源，而 MCN 机构又只看重主播带来的利益时，MCN 机构很可能从经纪人手中获得主播资源后，越过经纪人而与主播直接展开合作，导致经纪人权益下降或受损。

主播和经纪人之间长期的相处会让彼此建立深厚的感情，这种感情有利于经纪人的后续职业发展，同时也可以在经纪人与 MCN 出现冲突时，发挥重大作用。例如主播经纪人小张在和 MCN 机构发生纠纷后，他合作的主播出于对他的支持和信任，也随之停播了自己的节目并随着经纪人一同"出走"。

因此，明确主播经纪人与 MCN 机构之间的合作关系，对于直播行业整体健康有序的发展至关重要。在主播经纪人与 MCN 机构的合作关系中，双方应该注重如图 3-21 所示的三点内容。

图 3-21　应该注重的三点内容

1.合理的利益分配

如何通过合同约定好双方的权利和义务非常重要。首先，主播、经纪人和 MCN 机构之间的利润分配需要公平合理；其次，对于具备较高知名度的主播和具有较多商务资源和主播资源的经纪人，MCN 机构应当侧重于稳定的、更高比例的分配。

由于在司法实践中，利润分配本身制定是否合理，是发生纠纷后损失和违约金认定的重要依据之一。所以，合理的利益分配，不仅能够避免发生纠纷的概率；同时能够在发生纠纷后，让自身权益不受过多损失。

2.重视合作/劳动合同

主播经纪人，尤其是自身已经拥有一定主播资源和商务资源的经纪人，一定要注意与 MCN 之间的合约问题。每一次的合作，都应该通过合作合同或劳动合同来保护自己的合法权益，即签约时在合同中明确约定自己的收入分配方式、佣金数额以及具体的工作内容。

3.明确账号归属

在大多数 MCN 机构与主播或 MCN 机构与经纪人的纠纷中，都牵扯到了账号归属的问题，因此合作期间，必须明确账号的最终使用权。在实际的工作中，大多数 MCN 机构都会选择在纠纷发生后第一时间修改账号密码，掌握使用账号的主动权。

所以在签订合约时，各方（主播、经纪人和 MCN 机构）一定要明确账号的归属和使用权。根据之前的一些法院判例进行分析，发现法院会完全从合同约定来最终判定账号的使用权归属问题。

3.7　MCN 机构的运作和变现

从互联网产业的总体形态来看，我国 MCN 机构通过短期的迅猛发展，已经远超内容较为单一的国外 MCN 机构，呈现出丰富性与多元化的特点。

3.7.1　MCN 机构产业链

MCN 行业上游行业为优质内容生产创造者，下游行业则是各大推广平台，而中游行业正是各大 MCN 机构，如图 3-22 所示。近年来，我国 MCN 行业下游的推广平台，不断推出基于自身特点的多维度 MCN 扶持战略以及合作方式，用以推动全产业链运行模式更加成熟。

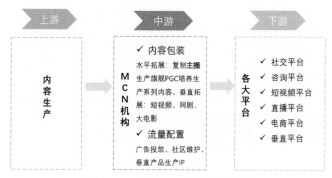

图 3-22 我国 MCN 机构产业链

由于平台是内容宣发的主战场，无论是基于社交的双向互动，还是基于品牌主向消费者的单向传达，信息传递都需要借助平台进行展示从而触达受众，因此平台在主播经济的产业链上处于核心地位。

在这种模式下，平台负责构建场景并维护场景运营，通过制定规则并设置处罚机制形成对场景的主导权，如果产业链上的其他参与者想获得某个平台的红利，必须遵守既定的平台规则。而平台制定的规则将直接产生两个关键问题，一个是谁可以参与其中，即准入门槛；另一个则是参与者在产业链上可获得多少份额，即利益分配。图 3-23 所示为 MCN 机构产业链。

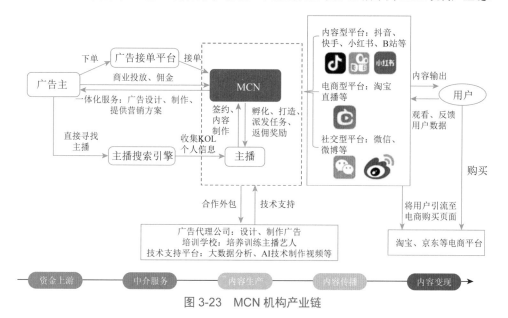

图 3-23 MCN 机构产业链

案例 抖音平台

现阶段，平台认证是入场的必要条件。平台为了维护生态体系会对其他参与方进行一定的筛选和管控，各个平台的机制不尽相同，包括抖音星图、微博微任务和快手快接单等主播广告投放平台。以抖音星图为例，2018年9月抖音星图正式版上线，为广告主与抖音 PGC 之间的投放交易提供平台。同时抖音要求主播与广告主之间不得进行私下交易，主播接广告只有两种方式，包括与抖音官方签约或者与抖音认证的 MCN 机构签约，同时抖音开放了 4 家星图服务商负责平台内容策划、线下执行拍摄、后期制作以及线上活动发起，这意味着只有获得抖音认证的机构与主播才有资格入场，从而获得抖音的增长红利。图 3-24 所示为抖音星图广告投放流程。

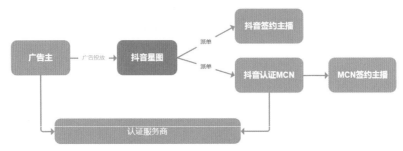

图 3-24 抖音星图广告投放流程

而且，平台对不遵守规则的参与者具有一定程度的处罚权。以抖音星图为例，平台对主播建立了积分制度，主播一旦发生违规，将面临扣除积分、禁止接单甚至直接封号等处罚方式，这些处罚会直接影响主播创作收益，同时也对主播具有较强的威慑力。基于此种情况，多数达人都会遵守平台既定规则，对平台保持一定的敬畏，这也在一定程度上利于平台管理主播。表 3-2 所示为抖音星图的处罚规则。

表 3-2 抖音星图的处罚规则

违 规 等 级	违 规 内 容	积 分 扣 罚	处 罚 办 法	罚　金
重大违规	发布违规内容	12	封禁账号	视情节严重程度保留追责权利
重大违规	恶意扰乱平台秩序、不遵守平台规则、影响公平竞争或者以任何理由线下收取视频和脚本创意费用等	12～6	该主播 /PGC 暂停接单一个月	同上
重大违规	私下接单或者商业推广未经过星图	6	该主播 /PGC 暂停接单一个月	同上
重大违规	违反保密规定，物料提前泄露对客户造成负面影响	6	该主播 /PGC 暂停接单一个月	同上
一般违规	主播或者 PGC 在星图平台确认接单，从上传脚本或者提纲到第一次上传视频或者文章的过程中，因故取消订单	2		同上
一般违规	主播或者 PGC 在星图平台确认接单，第一次上传视频或者文章后到第二次上传视频或者文章反馈前，因故取消订单	3		同上

续表

违规等级	违规内容	积分扣罚	处罚办法	罚金
一般违规	主播或者 PGC 在星图平台确认接单，第二次上传视频或者文章后到客户确认视频或者文章前，因故取消订单	5		同上
一般违规	主播或者 PGC 自发布视频之日起，未留存满 60 日和 / 或未按照客户要求留存视频	6 ～ 1		
一般违规	合作期间主播或 PGC 未按照约定时间上传视频，造成严重违规	3	该主播 /PGC 暂停接单一个月	涉及的违约费用，优先扣除保证金，额度不足再行补足

平台通过制定规则，可以影响产业链利益分配的规模与先后顺序。表现为广告主支付给主播的交易费用需要通过平台，此时平台会先扣除自身应获得的收益，然后再将剩余收益定期结算给主播。其中，平台的收益方式以及收益比例由平台自行确定，例如广告模式下平台可以决定在主播报价基础上进行加成的比例；电商模式下平台可以决定抽取佣金的比例；同时在所有参与者中，广告主对平台的议价权相对较低，更多只能选择是否使用该平台；而 MCN 和主播只能参与平台抽成后的佣金分配，这部分大小也取决于平台所规定的抽成比例。

综上所述，平台通过建立规则影响准入门槛与利益分配，从而建立起对产业链的主导权以及对于上下游的强议价能力，进一步获得行业增长的核心红利。简单来说，就是这些情况让各大平台以规模化的低成本，获得相对较高的佣金比例。

下面简单介绍一下各个垂直平台分类的优势与代表。

1. 社交平台

社交平台具备媒体属性，社交沉淀优势明显，该类平台的代表有微博和微信等，如图 3-25 所示。微博平台是拥有大量主播的资源池，包含商界名人和明星等，而且具备全部内容格式，利于各类型主播的发展；而微信平台的订阅号是由私域属性构成的内在封闭生态，所以适合运营垂直类内容。

图 3-25 社交平台的代表

2. 咨询平台

现阶段，咨询平台是用户获取信息的第一窗口，所以其具备算法推荐机制和流量优势，这些优势也有助于为主播精准匹配受众。该类平台的代表有今日头条、百家号、网易新闻和一点资讯等，如图 3-26 所示。

图 3-26 咨询平台的代表

3. 短视频平台

由于目前短视频异常火爆，使其受众范围在不断拓宽。表现为短视频平台的用户下沉覆盖可以至三四线城市，用户基数大的同时提供强大的生产工具，即拥有大量 UGC 的优势。代表平台包括抖音、快手、美拍和火山小视频等，如图 3-27 所示。

图 3-27   短视频平台的代表

4. 直播平台

直播平台具有主播表现更直接的优势，表现为直接的交互形式有效提高用户的付费意愿，同时直接交互的特点也利于"受众池"的建立。该类平台的代表有斗鱼、虎牙、一直播和 YY 等，如图 3-28 所示。

图 3-28   直播平台的代表

5. 电商平台

电商平台具有直接缩短电商转化路径以及用户购买转化率高的优势，代表平台有淘宝、京东、拼多多和蘑菇街等，如图 3-29 所示。

图 3-29   电商平台的代表

6. 垂直平台

垂直平台具有用户特征突出、垂类影响力大以及社群粉丝效应明显的优势，代表平台有哔哩哔哩、易车、汽车之家和马蜂窝等，如图 3-30 所示。

图 3-30   垂直平台的代表

3.7.2　MCN 机构的运作模式

MCN 机构主要以广告、电商和直播三个大方向进行商业化运作，如图 3-31 所示。同时在商业化上进行多种垂直领域的专业划分，包括经纪人模式、电商模式、数字化营销模式、专业平台运营模式、知识付费模式、专业内容生产模式和 IP 打造模式等纵深业务，如图 3-32 所示。

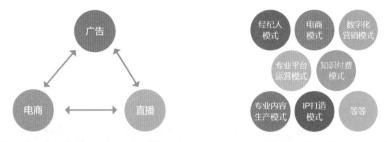

图 3-31 我国 MCN 机构运作模式   图 3-32 商业化垂直领域的模式划分

其中，以专业内容生产模式和专业平台运营模式为基础内核，其他五大模式为变现外延，最终以组合方式谋求差异化发展。

1. 传统内容分发

MCN 模式出现之前，传统内容分发产业链以内容生产者为出发点，向上游发展用以回应广告主的营销需要，再通过广告代理公司寻找到合适的内容创作团队，并将制作完成的内容分发给平台，通过平台传达至用户最终获得收益。

2. MCN 模式内容分发

在 MCN 模式中，内容分发流程没有太大改变，只是广告主可以跳过代理公司直接与合适的 MCN 机构沟通内容方案，大大提高了分发效率。图 3-33 所示为传统内容分发与 MCN 模式内容分发的流程对比。

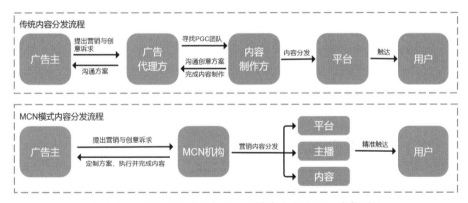

图 3-33 传统内容分发与 MCN 模式内容分发的流程对比

3.7.3 MCN 机构的变现方式

MCN 机构的变现方式随着运作模式的不断变化和发展，呈现出多元化的特征。目前，变现方式主要分为两大方向，包括面向商家的 B 端和面向用户的 C 端，如图 3-34 所示。

面向 B 端商家的变现方式，主要通过商业合作、流量分成、平台补贴、广告营销和 IP 授权等途径实现营收；而面向 C 端用户的变现方式，主要通过衍生品销售、主播电商、直播打赏、内容电商和知识付费等变现途径获取营收。图 3-35 所示为 MCN 机构两大变现方式的具体途径。

图 3-34　我国 MCN 机构变现方式的两大方向

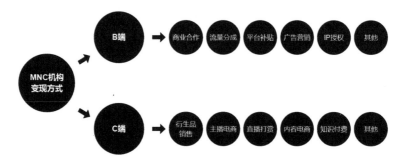

图 3-35　MCN 机构两大变现方式的具体途径

　　课堂讨论：　现阶段，比较主流的盈利模式有广告营销、内容电商和自创品牌等。读者可以尝试着结合自己的想法与实际数据，探讨与分析这些盈利模式成为主流的原因与优势？

　　MCN 机构通过整合产业链的上下游形成商业变现闭环，最终带动产业链发展。一方面通过孵化主播 IP、培育粉丝、流量曝光、商品组合和内容推广等途径，完成"种草"到"拔草"的商品售卖环节；同时吸引明星主播入驻机构，让明星利用自身知名度与粉丝量切入直播带货，加大商品售卖力度，提高商业变现能力；另一方面 MCN 机构拥有更多的平台资源、供应链优势和更高的议价能力，这些优势同样可以为主播带来更优质的商业变现，从而提高主播与机构的合作意愿。图 3-36 所示为 MCN 机构的行业图谱。

图 3-36　MCN 机构的行业图谱

3.8 我国 MCN 机构的发展

我国的 MCN 机构无论是从整体市场规模、机构数量还是运作模式上，都走在世界前列。随着行业发展进程的推移，行业内不断有新玩家入场，参与角色身份也更加多元。随着 MCN 机构的自我优化，MCN 行业发展具有下列现状。

1. MCN 人员规模趋于稳定

MCN 人员规模趋于稳定表现为成立时间和规模集中于 3 年以上及 150 人。其中，电商型和内容型 MCN 机构又呈现出两种增长状态。电商型 MCN 机构因涉及完整的供应链及售卖体系，具有业务重、所需人员多以及组织规模快速增长的状态。而内容型 MCN 机构目前变得更加理智，组织规模稳固在一个区间内缓慢增长。图 3-37 所示为 2020 年 MCN 机构成立年限与组织规模分布关系。

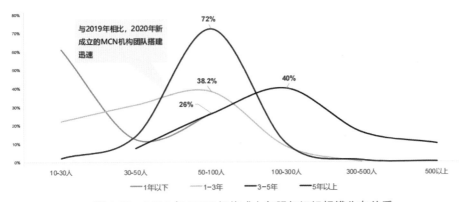

图 3-37 2020 年 MCN 机构成立年限与组织规模分布关系

2. 机构的组织结构发生变化

MCN 机构的组织结构在 2020 年发生了变化，表现为商务部的核心团队人员配置增多。克劳锐调研数据显示，在 2020 年，93% 的 MCN 机构都配备了商务部。同时，大量机构依据业务调整了组织架构，即成立了直播、中台、品牌和培训等部门。

3. 更加清晰和慎重的平台选择

基于 MCN 组织结构的变化，各个机构有了更加清晰和慎重的平台选择。平台基础流量池大小以及流量分配机制、用户黏性、商业化能力以及生态匹配度都成为 MCN 机构选择平台的重要参考因素。同时，部分 MCN 对于高成长性和赛道还不算拥挤的平台展现了较大的兴趣，给予了更多关注。

4. 聚焦于垂类布局

在 2020 年的 MCN 机构行业中，近 7 成的 MCN 机构更加聚焦在垂直布局上。大多 MCN 机构的内容覆盖度集中在 5 个垂类内，美妆和强消费相关垂类更是进入白热化竞争。

5. 业务形态和营收方式比重产生变化

为获取商业增长，MCN 机构在内容和商业模式上进行了更多的拓展，其中部分 MCN 机构都开始直播带货和营销服务的新尝试，直播带货更加成为不少 MCN 机构的重要营收方式。图 3-38 所示为 2020 年 MCN 机构业务形态分布情况。

我国的 MCN 机构自引入以来，在快速发展壮大的同时，也出现了诸多新趋势，包括非常明显的"五化"趋势、加强 IP 周边产品开发和及时关注新平台等。

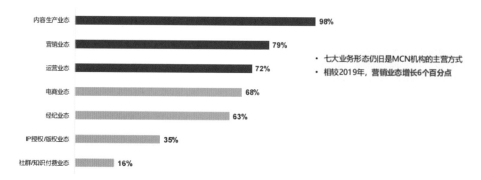

图 3-38　2020 年 MCN 机构业务形态分布情况

6."五化"趋势

"五化"包括专业化、精细化、技术化、垂直化和综合化。

1）专业化

MCN 机构相对于单个主播，其重要优势就在于专业化。而为了更好地应对政策和规范化发展，MCN 机构的专业化能力将更为重要，这也是其发展得更为成熟的重要标志。

2）精细化

MCN 机构发展到今天，已经过了简单的粗放式发展阶段，需要更为精细化的运营和管理，尽量做好每一个细节。

3）技术化

大数据和人工智能技术催生和助力了互联网平台的发展，同时也为 MCN 机构寻找优质的 PGC 和主播，尤其为更高效的商业变现提供了极佳的手段，而 MCN 机构要取得更大的发展，必须基于不同的互联网平台，开发适合自身及用户的技术工具。

4）垂直化

由于在通用领域内，MCN 机构的数量已经饱和，而一些垂直领域还有较大的空间，而且垂直领域市场的用户更为精准，转化率也更高，因此 MCN 机构向垂直化领域发展也成为新趋势。

5）综合化

当 MCN 机构的商业价值变现的手段和方式越来越综合化，代表了 MCN 机构的综合运营能力越来越强，那么该机构的未来发展将呈现综合化趋势。

7. 加强IP周边产品开发

随着 PGC 和主播的名气、流量逐渐增多，其 IP 价值也将得到大幅度提升，此时主播对用户的影响力也会越来越强。当主播的影响力到达一定程度时，MCN 机构可以对 IP 进行一些周边产品的开发，目前美妆和美食类 MCN 机构对周边产品的探索较为成功。

案例　**主播IP产品的开发**

MCN FAWN 旗下的美妆类视频博主米歇尔·潘，针对美国与英国市场，推出包括时尚、美妆和个人护理为主的视频，在成功打造个人品牌的基础上创办了自己的美妆与护肤产品，并推出按月订购的美妆礼盒，用以开拓美妆电商市场。

8. 及时关注新平台

5G 作为移动通信技术，具有高速率和高带宽等优势。其在 2019 年被正式商用后，未来的内容形态、分发渠道都会发生重大变化，将给互联网平台带来新的机遇，例如在 VR、AR 和 MR 领域以及车联互联网等领域，都有可能会出现新的互联网平台。所以，MCN 机构也应高度关注新平台的崛起并及时布局新平台。

3.9　本章小结

本章主要讲解主播经纪机构的相关内容。具体内容包括 MCN 的含义、MCN 机构的分类及特点、MCN 机构的价值、MCN 机构与平台、主播和经纪人的关系、MCN 机构的运作和变现以及我国 MCN 机构的发展等，同时在大量的知识点中增加案例，帮助读者快速理解和掌握相关知识。

第4章 主播的分类与价值

在整个直播行业中，主播不仅是品牌方对外的形象，还是每场直播活动的核心元素之一，具有非常重要的作用。而主播的不同形象、类型、所属分级和特点将直接影响到主播自己、所属企业、MCN甚至整个直播行业的经济效益。通过学习主播的含义、不同类型主播的特点、主播的不同分级、主播具有的社会价值以及主播的规范和管理，帮助不同类型主播选择适合自己的直播平台及人群。

4.1 主播的含义

在"全民直播"时代来临之际，人人皆主播、万物皆可播成为行业背景，也造就了遍地开花的直播行业。直播行业看似准入门槛很低，却不是人人都可以称为"主播"。那么，主播究竟是什么？

1. 传统文化层面中的主播

在传统文化的层面，主播是指"主持人型播音员"。简单来说，播音员是在朗读事先准备好的稿件；主持人是使用自己的话术描述稿件内容；而主播是在朗读稿件时加入自己的想法和话术。主播比播音员和主持人的工作范畴更加广泛，是播音员和主持人的综合体。例如一般的播音员就是按稿件播读，主播则往往需要完成策划、编辑、采访、制作、导播和主持等一系列工作。

大众日常熟知的消息类新闻节目中的主持人，包括《新闻联播》《朝闻天下》和《新闻30分》等节目主持人，都是以提字器为基本手段完成"播读"工作的主持人型播音员，如图4-1所示。

图4-1 传统的主持人型播音员

传统型主播除了按稿件播音之外，还需要运用自身的新闻职业素养和深厚的知识积累，以及敏捷的思维、语言组织和表达能力，在播新闻的同时讲新闻。主播在讲新闻的过程中，必须保证自身能够保持准确的观点和态度。

2. 网络社会中的主播

互联网出现后，改变了大众获取信息的行为和方式，公共话语失去了垄断性的影响力，具有不同领袖精神的网络用户利用个人魅力在网络社会中逐渐形成了圈层影响力。随着移动网络的普及，意见领袖呈现出百花齐放的姿态，此时这些意见领袖被称为"网络红人"。

在2004年到2019年这15年间，互联网信息的获取渠道从PC端转变为移动端；信息查看从大屏转变为小屏；消息从整体到碎片。不同的互联网时代里，催生出不同类型和作用的网络红人。

从因为搞怪猎奇而出名的第一代网络红人到依靠颜值和才华吸引大批粉丝的第二代网络红人，再到普通人拥有一个特殊标签即可成为网络红人的第三代网络红人，网络红人的群体性特征变得越来越难定义。其边界在不断拓宽的同时流量也变得分散，每个小有名气的网络红人都可以拥有一批属于自己的垂直粉丝。

直播的兴起能够更好地帮助网络红人分化粉丝，实现变现营收，于是，网络红人们纷纷投身直播行业，图 4-2 所示为主播的直播画面。在直播盛行的社会背景下，"主播"一词主要泛指"网络主播"。

图 4-2　主播的直播画面

每一场直播都会有直播脚本，包括流程设置、开场白、直播话术、气氛调节和场控等，再配合一部分的即兴发挥，使主播在狭义范围内也具备传统型主播的功能和作用，如图 4-3 所示。

图 4-3　主持直播活动的网络主播

综上所述，网络主播是指通过互联网平台主持直播节目或活动，并参与策划、编辑、录制和观众互动等一系列辅助工作的人或职业，以下简称为主播。

4.2　主播的类型

在网络直播行业的快速发展过程中，各种各样的网络主播纷纷涌现在各大互联网平台中。为了更好地了解与区分不同主播的特点和优势，按照主播们不同的内容产出，将其划分为不同的类型，包括娱乐主播、游戏主播、带货主播、知识主播和其他主播等，如图 4-4 所示。

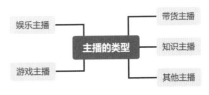

图 4-4　主播的类型

4.2.1 娱乐主播

在直播行业中，娱乐主播是出场时间最早，也最常见的一种主播类型。该类主播通常具有一定的才艺，包括唱歌、跳舞、说唱、手工和段子等；并且一般情况下，这类主播都具有姣好的面容，还能够很好地和直播间中的观众或用户进行互动。

在受众偏好、直播地点和自身条件等因素的影响下，多数娱乐主播为女主播。图 4-5 所示为娱乐主播的直播画面。

图 4-5　娱乐主播的直播画面

对娱乐主播进行细分，又可以将娱乐主播分为才艺主播、情感主播和搞笑主播等，如图 4-6 所示。这些主播主要以才艺、搞笑段子或者评论实时热点事件等内容进行产出，目的是以产出内容吸引观众，获得大量人气后，依靠观众的打赏进行营收变现。

图 4-6　才艺主播、情感主播和搞笑主播

4.2.2 游戏主播

在直播行业中，通过在网络游戏世界中完成任务从而吸引用户观看，并获得一定收入的主播，被称为游戏主播。直播行业的高度火爆，使得市面上涌现了很多在线游戏直播平台，包括 YY 语音、斗鱼、QT 语音、风云直播、火猫直播和虎牙等，游戏直播平台的增多，也为游戏主播们提供了更多的选择余地。

相对于娱乐主播来说，如果想要成为一个优质的游戏主播，则需要更多的资金投入。首先，游戏主播需要拥有一台高配计算机，否则主播很有可能在直播游戏时出现卡顿现象，从而影响直播效果。其次，游戏主播至少拥有一款自己非常擅长的游戏，才能依靠直播内容吸引观众并完成营收变现。图 4-7 所示为游戏主播的直播画面以及直播截图。

图 4-7　游戏主播的直播画面以及直播截图

案例　一位游戏主播的成长史

　　2009 年的 BZ 由于过不了游戏中的某一关卡，只能依靠充值游戏币提升装备后过关游戏。事后开始萌生了一些想法，想把游戏过关的过程录制出来，为别的游戏玩家提供参考。

　　因为自己在玩游戏的过程中遇到困难时，也想要得到其他玩家的指引和心得来通关，所以 BZ 将自己的游戏过程录制并发布，解答其他玩家在游戏中的疑惑。因为较高的点击率和评论量，随后他的视频在网站中被推荐。此时的 BZ 认为在视频作者这条道路上其他人给了他很多帮助和鼓励，于是萌生做一系列副本视频的想法。从此 BZ 从一个普通玩家，慢慢成为一名游戏 PGC（内容创作者）。

　　最开始 BZ 制作的视频，是以刷图为主的教学视频。2010 年以后，随着竞技视频的兴起，教学偏向的视频的人气和地位急剧下降。然而受经济条件的制约，BZ 无法将视频内容顺利从教学转为竞速。但是 BZ 并没有气馁，他开始积极去面对并想办法解决问题。

　　最终，BZ 和当时相熟的几个 PGC 联合制做出了《枪魂冰子 2011 年贺岁片》，内容包括 PK、竞速刷图和教学刷图等，这样就建立了一个非常完善的视频体系。但是令 BZ 没想到的是，视频一经推出反响就非常大，各媒体加起来点击量达几百万，评论也有几万条，也造就了 BZ 在游戏圈小有名气。图 4-8 所示为 BZ 的个人照和团队的合影。

图 4-8　BZ 的个人照和团队合影

　　2014 年，竞速视频的传播范围进一步加大，而 DNF 视频圈却开始逐渐走向低潮。与此同时直播事业开始慢慢兴起。BZ 以及相熟的 PGC 被邀请加入主播行业，从那时开始，BZ 的工作重心开始逐渐放到直播事业上，视频更新也越来越少和越来越慢。

　　兼职 PGC 时期，BZ 认为自己只是一名游戏爱好者；兼职游戏主播后，他认为自己从一名游戏爱好者转变为半职业玩家。白天上班 + 晚上直播的生活模式，让他感到充实和开心。但是随着直播行业发展越来越红火，BZ 参加官方和媒体活动的次数也开始逐渐增多，这些活动让 BZ 无法平衡现实工作和主播两项内容。

2015 年，官网页面的改版促使 BZ 被邀请接手视频中心的外团，管理包括视频和图文总共 50 多人的团队，从开始的一名视频作者，转到幕后去挖掘更多的优秀 DNF 作者，让他们拥有施展自己才华的舞台。也是这一年，BZ 辞掉了现实中的工作，开始专职主播。利用之前PGC 时期积累的人脉，外团这份工作对 BZ 来说可谓得心应手。此时的 BZ，白天管理视频团的工作，晚上专职主播，使自己的工作与兴趣爱好紧密关联。

4.2.3 带货主播

如果主播在直播间对某一商品进行有意或无意的助销，随后引发产品大面积的热销，该主播被称为带货主播。简单来说，带货主播就是在直播过程中，对商品进行有目的和有计划的营销，助力商品售卖。

在直播带货活动中，带货主播既有广告代言人的身份，又有生产者和销售者的身份。而不同的角色，在法律上所要履行的义务和承担的法律责任也是不同的。因此，带货主播在选择货品和营销方式上都需要慎重。

根据带货主播的不同量级和所属性质，可以将带货主播细分为 4 类，包括个人主播、签约主播、店铺主播和名人 / 明星主播，如图 4-9 所示。

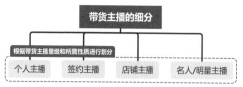

图 4-9　带货主播的细分

1. 个人主播

一些没有专业团队的中小卖家，在满足平台门槛后开通直播权限，进行直播卖货的人，称其为个人主播。对于个人主播来说，每个平台的扶持政策和准入门槛不同，只要符合了平台的规则，即可开通直播账号进行直播。图 4-10 所示为个人主播的直播带货画面。

图 4-10　个人主播的直播带货画面

个人带货主播的优势体现在主播对开播时间和售卖商品拥有绝对的选择权以及全部营收归属个人；简单来说就是主播可以根据自身情绪和行程安排，在任意时间开播并售卖自己想要售卖的产品，并且直播所获营收，除去平台佣金也不必与他人分账。

但是个人主播也有致命缺点，就是在没有专业团队的情况下，仅靠一人或几人之力想要获取大流量，会更加困难和艰辛；而且没有专业团队为主播打理杂事，个人带货主播在带货的同时必须亲力亲为其他事情，这也会为个人主播的成功增加不小的困难。

2. 签约主播

签约主播是指与平台、工会或者 MCN 机构签约后，进行直播带货的主播。此类带货主播相当于一个明星，所属平台、工会或机构会对其进行孵化，提升主播的价值；但同时主播的直播营收，也需与所属平台、工会或机构进行分账。图 4-11 所示为签约主播的直播带货画面。

图 4-11　签约主播的直播带货画面

签约主播的优势是有专业团队对其进行包装，这将大大提升主播获取高流量的几率。同时该类主播也同样存在一定的劣势，即主播需要完成平台、工会或机构的考核指标；如果考核未达标，主播也会面临极低收入、放弃培养和收回账号使用权等问题。

3. 店铺主播

店铺主播相当于店铺公司的一名销售员，其每天的工作任务就是在直播间介绍商品并促成订单成交。与大众印象中的销售员不同的是，店铺主播的意向客户由线下面对面沟通转变为线上一对多沟通。图 4-12 所示为店铺主播的直播带货画面。

图 4-12　店铺主播的直播带货画面

店铺主播的优势是工作环境比较固定，并且工作内容和工作范畴相对其他带货主播较为明确。简单来说就是每天按时上下播，持续向观众输出产品介绍和即时解答观众疑问。劣势则是由于大多数店铺主播与公司签订劳动合同，因此直播账号归属权属于店铺，且工资固定，基本没有销售分账的可能。

4. 名人/明星主播

具有一定知名度的商界名人、政府职员或影视明星在直播间进行卖货活动，将主持卖货的企业家、公司老板、县长或明星称为名人/明星主播。图 4-13 所示为某副县长亲自下场直播带货。

图 4-13　某副县长亲自下场直播带货

2020 年 7 月，人社部、国家市场监管总局和国家统计局三部门联合发布包含"网络营销师"在内的 9 个新职业信息，如图 4-14 所示。从此，"网络营销师"成为一门新兴职业，下设包含"直播销售员"在内的 4 个工种。"直播销售员"工种的增设，意味着李佳琦等带货主播们正式转正。

　课堂讨论：　阅读相关新闻报道，读者尝试着分析与讨论，带货主播为什么会成为正式工种，其成为正式工种的意义是什么？

图 4-14　发布 9 个新职业信息的报道

4.2.4　知识主播

通过互联网平台向观众传递和分享知识，并以此为主要内容的实时在线直播，称为知识直播，主持知识直播活动的主播被称为知识主播。

不同类型的直播根据其变现方式和开播缘由，具有不同属性。例如娱乐直播具有非常强的观赏属性，电商直播则具有突出的消费属性；而知识主播根据其突出的教授特质，则具有非常浓厚的观念属性和公益属性。图 4-15 所示为不同知识主播的直播画面。

对于知识主播来说，其必须具备足够的知识储备、内容精准、专业要有垂直深度以及定位精准等特点，才能形成自己的特色，然后根据特色和专业知识吸引垂直领域人群成为粉丝，并最终实现流量变现的目标。

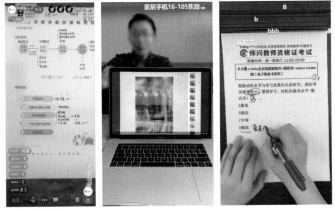

图 4-15　不同知识主播的直播画面

4.2.5　其他主播

除了前面介绍的主播类型以外，互联网平台上还存在着各种各样的主播，例如美食主播、美妆主播、二次元主播、体育主播、时尚主播和测评主播等。图 4-16 所示为美妆主播和二次元主播。

图 4-16　美妆主播和二次元主播

4.3　主播的分级

除了根据直播内容的偏向性对主播类型进行划分以外，也可以根据主播的名气和流量对主播进行层级划分，目前大致分为 3 类，包括头部主播、中腰部主播和尾部主播。在主播的变现过程（直播）中，不同层级的主播对人、货、场三者的需求程度各不相同。

4.3.1　头部主播

头部主播是指具有深远影响力和传播力的主播，可以简单理解为这一层级的主播是与明星同等级的存在，例如罗永浩和李佳琦等主播。

头部主播拥有非常多的追随者，即"粉丝"。数量庞大的粉丝是主播直播变现的主力军，所以头部主播的第一需求是维护粉丝。同时根据经济基础决定上层建筑的定律，结合头部主播在名利和金钱都不欠缺的条件下，头部主播会开始追求自我价值和高尚的荣誉等，表现为在直播间与明星互动、参与时尚活动和商演等，用以满足自身精神上的需求。因此，头部主播的需求层次以"人—场—货"递减，如图4-17所示。

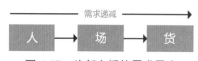

图4-17　头部主播的需求层次

对于供应链平台来说，需要对自己的产品有一个清晰的认识和定位，从而在适合的主播层级中筛选与产品匹配度更加契合的主播，这可以帮助品牌快速地销售产品，以及帮助主播快速获取收益，最终达到双赢。

4.3.2　中腰部主播

中腰部主播是指已经拥有一定名气和流量以及拥有一批忠实粉丝的主播。到达中腰部层级的主播，他们以成交为第一需求，所以每一场直播都需要丰富的货品和成熟的运营作为支撑，为自身打造清晰合适的人设标签，并让自身的人设标签深植于粉丝脑海中，让粉丝每次看到该主播的第一眼，脑海中就会浮现该主播的人设标签。

图4-18　中腰部主播的需求层次

当主播的人设标签固化后，便是快速涨粉和争抢粉丝的时期。在这个时期，每位中腰部主播都希望粉丝可以快速且大量增长，从而进一步实现成交需求。因此，中腰部主播的需求层次以"货—人—场"递减，如图4-18所示。

案例　不同中腰部主播的成长史

在主播行业中，中腰部主播的力量和数量都是不容忽视的存在。而不同的中腰部主播，也拥有不同的成长路径和成功"秘籍"。

（1）档口老板转型淘宝主播。

2018年10月，C想要尝试从档口老板转型为一名淘宝主播，于是开启了自己的第一场直播。第一个月，她时常一边备货一边沮丧。因为平均一天能有七八万销售额的档口生意，在最开始的直播间中却无人问津，通常都是主播辛辛苦苦讲解4～5个小时，成交数额可能只有几单。

直到2018年天猫双11来临，主播C迎来了第一个爆发节点。第一天，观众的大促热情，将她直播间的销售额从几百块推到一千多块；到了第二天，销售额又增到了八千元；第三天，销售额直接涨到了两万元；第四天，销售额更是突破了八万元。

经历了这段爆发期，主播C顺利"出师"。于是，主播C的工作从单纯的直播卖货，增加到跑市场、选品看货、搭配和制定直播间脚本等多项内容。她把所有精力放在了直播间里，为每一场成功的直播建立坚实的基础。主播C依靠稳扎稳打的步伐从2018年的萌新主播发展为如今的中腰部主播，目前主播C的每场直播的场均成交额已经达到了百万元。图4-19所示为主播C的直播画面。

（2）擅长"段子"的东北主播。

主播D也是中腰部主播，该主播得益于自带搞笑特质的东北属性，使她探索到了一条与主播C截然不同的成长路径。

图 4-19　主播 C 的直播画面

"这一场衣服没有相中的，就在直播间一起唠唠嗑。"点开主播 D 的直播间，粉丝会感觉像是点开了一场"东北一家人"的情景剧。生活感情、面料知识、育儿经、猜谜、跳舞配合豪爽的东北口音、幽默的语言和多才多艺的表演，是主播 D 驰骋淘宝直播的"必杀技"。

在转型成为淘宝主播前，D 在东北档口做服装批发生意，重心在线下。而 D 的直播领路人，是姐姐 DD。2018 年，依靠直播反季商品，DD 在几万名淘宝主播中脱颖而出，快速收获了几十万粉丝。同时 D 放下东北的服装生意，来到姐姐的直播间成为助播，一做就是一年。

"要么，你自己开个号。"2019 年 5 月份，姐姐给出了这样的建议，虽然对直播流程非常熟悉，但要开始独自开启直播间，D 的心里其实还是有些打鼓。但是 D 也非常勇敢地开启了直播间。D 开启直播后，将直播间设计为与姐姐相反的风格，主播 DD 是成熟淑女风，主播 D 则是休闲风。进入主播 D 的直播间，发现主播遇到好的粉丝，会自掏腰包发福利，而遇到黑粉，她也会使用一口地道的东北话直接开怼，使东北粉丝听着亲切，南方粉丝觉得有趣。

从此，凭借着独特的个人魅力，主播 D 的粉丝增速惊人。如今她的粉丝量已经达到了近50 万，双 11 期间，单场成交爆发系数日均增长近 4 倍。为何主播 D 的成长如此之快？主播 D 认为自己的核心优势依然是"选品"和"人设"。作为立足电商平台的根本，高性价比的货自然是根本，此外，专业幽默的人设，增强了给粉丝的种草能力，也成为她切入直播的最强武器。图 4-20 所示为主播 D 的直播画面。

图 4-20　主播 D 的直播画面

4.3.3　尾部主播

尾部主播通常是刚刚进入直播行业的新人主播，该层级的主播，其第一需求一定是涨粉，因此他们需要熟悉的场景和美观的直播间，让进入直播间的观众对其有一个深刻的印象，增加用户黏性的同时为主播积累升级资源；尾部主播也可以尝试切入高性价比的货品进行销售，但销售不能作为直播主题，否则会适得其反。

图 4-21　尾部主播的需求层次

尾部主播开启直播时，身份相当于商场的导购员，工作职责相对简单，只需做好本职工作、熟悉岗位和锻炼业务能力以及在同时期的竞争对手中完整留存。因此，尾部主播的需求层次以"场—货—人"递减，如图 4-21 所示。

✎ **课堂讨论：** 作为一个新人主播，持续的坚持与努力是成功的基础，试讨论，作为一个新主播，通过哪种方式可以快速提高关注度，获得更多的粉丝。

4.4　主播的适用平台及人群

如今的直播行业中，包含着许许多多的直播平台，不同的直播平台根据其侧重点和商业布局，会在用户基数、活跃账号、扶持政策、分成比例和用户偏好等方面存在差异，这些差异成为不同类型主播选择平台的"关键点"。接下来以带货主播为例，讲解主播如何选择适合自己的平台及人群。

1. 头部平台

目前活跃在市场上的直播平台至少有几十个，而比较常见的头部直播平台包括淘宝、抖音、快手和微信视频号。

1）淘宝

从各个平台的体量来看，淘宝平台因为本身具有的电商属性，所以拥有最大的用户体量；同时淘宝用户具有购物目的明确和货行就下单等特点。对于新主播来说，因其不懂"浮现权"用法和规则，可能无法在淘宝直播中获得很好的效益。而对于多年运营淘宝店铺并且已经掌握淘宝规则的主播来说，选择在淘宝平台直播，则可以通过内部营销获取更多用户进入直播间，因此相对更加容易成功。

与抖音和快手等短视频平台相比，淘宝的本质是电商平台，所以在粉丝看来，淘宝主播的专业性和导购属性更加强烈，平台用户的购物欲望也比较充沛。图 4-22 所示为主播在淘宝平台的直播画面。

淘宝平台的缺点也非常明显，即淘宝因其电商属性包含的主播数量是最多的，与京东和拼多多等电商平台相比，因为已经培养出了李佳琦等头部主播，具有先入为主的流量以及品牌优势，使淘宝直播成为品牌以及主播带货的主战场。所以竞争也最激烈，导致主播们的下单量也普遍偏低。

2）抖音

自 2018 年以来，抖音开始布局电商直播带货，相继推出了商品橱窗（电商引流）、抖音小店（类似淘宝店）、抖音盒子（潮流时尚电商平台）和巨量纵横（电商服务平台）等变现形式。与淘宝直播平台的卖场模式不同，抖音主打"兴趣电商"，直播的消费路径是让用户通过观看产出内容，并产生代入情绪或对商品产生好感，从而提高用户的购物欲望。

图 4-22　主播在淘宝平台的直播画面

　　2020 年 7 月，抖音平台月活跃用户为 4.7 亿人，如此大的活跃用户量为抖音平台的直播带货领域提供了巨大的流量优势。但是抖音平台的用户数据比较奇妙，表现为男性用户 19 ～ 24 岁和 41 ～ 45 岁的偏多，而女性用户 16 ～ 30 岁的偏多。根据数据可以看出，25 ～ 40 岁的理性男粉出现断层，表明该平台用户的购买欲望多为冲动消费。所以抖音主播必须具有优质产出的优势，才能通过涨粉实现带货变现。

　　根据抖音平台目前的用户人群年龄分布，时尚类、美食类或美妆类的主播应该比较适合在抖音直播。图 4-23 所示为主播在抖音平台的直播画面。

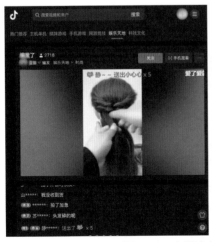

图 4-23　主播在抖音平台的直播画面

　　3）快手

　　快手平台的用户，特别是早期用户多数集中于北方的三、四线城市。为了服务于这些用户，快手平台所有产品价格都偏低。很多的厂商进驻快手平台，都以低价放货的方式为主播吸引粉丝，这种方式虽然效果明显，但也直接导致很多中间商失去商机。

作为日活跃用户已经突破 3 亿人的国民级平台，快手直播具有媒体和电商双重基因。并且受益于私域流量和粉丝黏性，快手电商发展迅速，已经成为覆盖全国的国民级业务。但是快手平台也存在弊端，优质私域流量具备强交互性和高黏性的特点，会使所有的优质资源和优质供应链都集中在头部主播的手中，导致新主播和中腰部主播生存艰难。

快手直播发展至特殊时期，平台通过推出针对主播的多重专项扶持举措，切实帮助不少门店商家在线上恢复生意，缓解特殊时刻的经营压力。综上所述，快手平台适合靠近货源地的个人以及拥有自己店铺的个体户寻找主播或者自己充当主播，对没有限制但是客单价较低的商品进行直播带货。图 4-24 所示为主播在快手平台的直播画面。

图 4-24　主播在快手平台的直播画面

4）微信视频号

2020 年 1 月 21 日，微信视频号正式开启内测。虽然视频号平台的起步较晚，但是该平台背靠腾讯，使其传播能量非常强大。微信有着十亿的用户群体，从青少年到中老年人都会在日常生活中使用微信，包含了各个消费层次的人群，涵盖了所有行业的精准人群。这就意味着视频号涵盖的用户群体很广，有很大的商业价值。

视频号是一个人人可以记录和创作的平台，也是一个了解他人、了解世界的窗口。视频号更倾向于真实社交带来的信任增值。因此视频号的机制即以实名点赞的社交推荐为主，机器推荐为辅，优先展示和朋友有关的内容，包括朋友在看的直播、朋友点过赞的短视频等。

现在的视频号生态已经迭代得更加完整，陆续覆盖和支持了长视频、动态配乐剪辑、直播、直播带货、快速分享、设置为状态和主页商品橱窗等能力。不少用户已经养成了通过微信视频号记录生活点滴的习惯，同时影响力媒体也把视频号看作重要的新闻信息传播渠道。2021年以来，在元宵晚会、全国两会、建党 100 周年等节点下，媒体短视频、直播案例爆款频出，特别是 2021 年 12 月 17 日晚，爱尔兰知名组合"西城男孩"现身微信视频号，为中国歌迷定制了一场重磅线上演唱会，标志着主流舆论生态已逐渐在视频号形成，如图 4-25 所示。

2. 腰部平台

腰部直播平台多属于直播起步阶段，具有门槛低和入驻简单的特点。平台包括拼多多、京东、西瓜视频和小红书。

1）拼多多

2020 年 1 月，拼多多平台正式上线"多多直播"功能。由于疫情的特殊性，许多农户的瓜果蔬菜无法对外销售，造成供需两端严重失衡，借此契机，拼多多联合多地政府职员在全国范围内打造"市县长产业带直播"活动，共同扶持产业带转型。这使平台的农产品垂类商品直播得到了迅速发展。

图 4-25　"西城男孩"视频号首播

而且拼多多在前期发展中已经积累了 3 亿多用户，低价的售卖模式也与大多数平台形成对比。综上所述，在平台中有运营团队的、具有农产品货源或者低价好物的主播，在拼多多平台进行直播是个不错的选择。图 4-26 所示为主播在拼多多平台的直播画面。

图 4-26　主播在拼多多平台的直播画面

2）京东

作为电商零售巨头的京东，早已开启了主播带货的行业探索。2018 年 8 月，京东首次推出主播分层成长机制，与不同类型 PGC 深度合作，打造不同层级的主播，用以实现品牌和商业的共赢。虽然京东与淘宝同为电商平台，但其在直播模式上与淘宝具有明显差异。京东在结合全产业链的优势和平台特质后，更加注重品牌营销。

综上所述，在互联网中知名度中等，但是受品牌认可的垂直类商品主播，非常适合在京东平台上直播带货。这类主播的工作职责与"超级导购"无限接近，主要通过对商品进行讲解和说明来服务粉丝，再配合各个品牌的营销，加大粉丝受众面。图 4-27 所示为主播在京东平台的直播画面。

图 4-27　主播在京东平台的直播画面

3）西瓜视频

由于西瓜视频与今日头条的流量互通，于是在一段时间内，大量的报媒和官媒都会在今日头条平台中发布内容，实时同步新闻，用户形成在今日头条平台上阅读新闻的习惯，阅读新闻的用户年龄分布在 24 ～ 50 岁，使该平台上的用户群体相对于其他平台更加成熟一些。

西瓜视频直播目前属于发展期，具有门槛低和有冷启动保底推流等优势。该平台具备新闻属性，所以以发布的作品更加偏向真实。所以，该平台的优势和用户类型非常适合具有实体商家和三农类商户资源的主播。图 4-28 所示为主播在西瓜视频平台的直播画面。

图 4-28　主播在西瓜视频平台的直播画面

4）小红书

目前的小红书用户中，50% 来自一、二线城市，而 72% 的用户是 90 后，这些用户对穿搭、美食、美妆、旅行和美发等类目特别钟情。

小红书平台具有的经验分享和种草属性，用户和粉丝具有很高的忠诚度，而且消费能力强，因此该平台适合单价高的商品。非常适合时尚主播、美食主播、美妆主播和旅游主播入驻，进行直播带货。图 4-29 所示为主播在小红书平台的直播画面。

3. 专题平台

除了头部平台和腰部平台以外，带货主播也可以选择各式各样的专题平台进行直播。专题平台包括斗鱼、虎牙、YY 和企鹅电竞等。专题平台虽然也能带货，但是由于在专题平台中娱乐主播和游戏主播占主导地位，所以电子产品、食品和饮品等男性较喜欢的产品，比较容易受到青睐，这也是专题平台商品品类受到局限的原因。

图 4-29　主播在小红书平台的直播画面

面对层出不穷的直播平台，主播如何找到适合自己的平台以及受众人群是非常重要的。通过对上述内容的总结可归纳出，新主播应先了解各个直播平台的用户特点和偏向性，然后再根据自己的人设定位，选择最适合的直播平台。

4.5　主播的规范与管理

随着短视频、直播带货等网络营销行业的兴起，覆盖用户规模达到 8 亿人以上，互联网营销从业人员数量快速增长，直接带来的成交额达千亿元。网络直播带货发展迅猛，但也滋生虚假宣传和数据造假、假冒伪劣商品频现等一些乱象。

直播行业中存在的各种乱象，一定程度上与整个行业缺失职业技能标准存在关联。作为一种基于互联网经济而生的新兴职业，主播这个职业在发展中本身就会存在一些弊端，也会出现一些问题，需要国家职业技能标准的有效约束，否则会让整个行业步入野蛮生长的恶性循环中。而国家出台相关的职业技能标准，是规范直播带货、促进整个行业从业人员"素能"提升的必然抉择。

2020 年 6 月，我国轻工业联合会组织申报的互联网营销师新职业通过审批，正式纳入《国家职业分类大典》，主播从此成为被国家正式认证的新兴职业。既然是获得认证的新兴职业，就理应遵循相应的职业行为规范和行业规范。

在此背景下，人社部顺势推出互联网国家职业技能标准。2021 年 11 月底，人社部、中央网信办和国家广播电视总局共同发布了《互联网营销师国家职业技能标准》，如图 4-30 所示。此次职业技能标准的发布，对整个主播行业有着不可忽视的规范与管理作用。

人力资源社会保障部办公厅 中央网信办秘书局 国家广播电视总局办公厅 关于颁布互联网营销师国家职业技能标准的通知

发布时间: 2021-11-25   字体: 【大 中 小】

人社厅发〔2021〕79号

各省、自治区、直辖市人力资源社会保障厅（局）、网信办、广播电视局、新疆生产建设兵团人力资源社会保障局、网信办、文化体育广电和旅游局：

根据《中华人民共和国劳动法》有关规定，人力资源社会保障部、中央网信办、国家广播电视总局共同制定了互联网营销师国家职业技能标准，现予印发施行。

人力资源社会保障部办公厅
中央网信办秘书局
国家广播电视总局办公厅
2021年10月15日

互联网营销师国家职业技能标准目录

序号	职业编码	职业名称
1	4-01-02-07	互联网营销师

图 4-30 《互联网营销师国家职业技能标准》文件

互联网营销师是在数字化信息平台上，运用网络的交互性与传播公信力，对企业产品进行营销推广的人员。

互联网营销师职业分为选品员、直播销售员、视频创推员、平台管理员四个工种。其中，选品员、直播销售员和视频创推员三个工种设五个等级，分别为：五级 / 初级工、四级 / 中级工、三级 / 高级工、二级 / 技师、一级 / 高级技师。平台管理员设三个等级，分别为：五级 / 初级工、四级 / 中级工、三级 / 高级工，如图 4-31 所示。

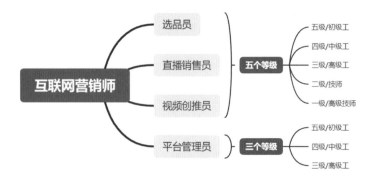

图 4-31 互联网营销师职业分类

此次出台的互联网营销师国家职业技能标准，还针对性地为各级工种设置了申报条件，解决了准入门槛低而导致的从业人员鱼龙混杂的问题。

一级 / 高级技师的申报条件如下：

（1）取得本职业或相关职业二级 / 技师职业资格证书（技能等级证书）后，累计从事本职业或相关职业工作 3 年（含）以上，经本职业一级 / 高级技师正规培训达到规定标准学时，并取得结业证书。

（2）取得本职业或相关职业二级 / 技师职业资格证书（技能等级证书）后，累计从事本职业或相关职业工作 4 年（含）以上。

值得一提的是，"严控质量"被写入职业技能标准的职业守则中，如图 4-32 所示。该守则的出台有助于通过诚信守法的职业操守降低主播带货中的不规范现象。这种为主播行业量身定制的职业技能标准，全方位地为主播的职业活动提供了基本准则，必能在规范直播行为、深化职业技能培训和提升从业人员"素能"水平等方面产生深远影响。

主播的直播营销行为，既关乎消费者的权益，也关乎品牌和企业的利益，更关乎整个行业生态的向善和向上发展，因此必须对其职业行为依法予以规范，这是出台职业技能标准的最大意义所在。

2.1 **职业道德**

2.1.1 **职业道德基本知识**

2.1.2 **职业守则**

（1）遵纪守法，诚实守信。

（2）恪尽职守，勇于创新。

（3）钻研业务，团队协作。

（4）严控质量，服务热情。

图 4-32　"严控质量"职业守则

课堂讨论： 根据本节所学内容，试讨论，严控质量在直播带货中会起到何种良性作用？

4.6　主播的社会价值

社会发展可以促进主播行业逐步规范化，而主播发展也可以促进社会精神逐渐完善以及丰富物质生活。由此看出彼此之间互相促进、互相交融。所以在一定程度上，主播不仅满足社会需求并且对社会进步具有一定贡献，这就是主播的社会价值。

4.6.1　主播满足的社会需求

主播出现后，如果从泛娱乐化和价值认同方面分析其价值，认为其满足了大众社会需求中的精神需求；而从出现新的产业链以及流量变现方面分析其价值，认为主播又满足了大众社会需求中的物质需求。图 4-33 所示为主播满足的社会需求。

图 4-33　主播满足的社会需求

1. 精神需求

随着我国经济和科技的高速发展，大众的物质生活得到进一步提高，娱乐业也随之开始发展。解决了温饱问题后，大众对精神生活的需求也日益旺盛，面对日渐丰富的娱乐内容以及对精神生活的高度需求，国内的泛娱乐业也逐渐发展起来。

泛娱乐，指的是基于互联网与移动互联网的多领域共生，打造明星 IP 的粉丝经济，其核心是 IP，可以是一个故事、一个角色或者其他任何大量用户喜爱的事物。泛娱乐具有去中心化、跨界连接、粉丝经济、高互动性和创意性等特征，如图 4-34 所示。

图 4-34 泛娱乐的特征

直播行业作为泛娱乐发展的重要分支，与泛娱乐的特征高度重叠，具有去中心化传播、涉足某一领域、特定粉丝群体、互动性强和注重实效创新的特征，如图 4-35 所示。

图 4-35 主播的特征

2018 年到 2019 年之间，直播行业呈现爆发式增长。到了 2020 年至 2021 年之间，不管是主播增速还是观众增速都趋于平缓。从行业整体的用户规模来看，泛娱乐直播行业的用户规模波动较小，市场进入存量竞争阶段。主播的泛娱乐化逐渐加大，各大平台也开始逐步探索更多元的商业模式。图 4-36 所示为主播的泛娱乐化。

图 4-36 主播的泛娱乐化

随着大众认知水平的提高，大众的精神需求由娱乐和泛娱乐内容向自我价值认同阶段发展，而主播的价值观是其产出内容的核心之一，这表明了主播的生命周期取决于其对粉丝的价值引导能力。

简单来说，拥有正确三观并能正向引导粉丝的主播，可以在维护现有粉丝的同时吸引更多新粉丝，此类主播的价值高且生命周期较长；只会一味迎合粉丝的主播无法与粉丝建立价值关联，从而逐步加剧粉丝的流失，最终造成主播的价值低且生命周期较短的情况，如图 4-37 所示。

大众的认知水平提高后，对于社会精神各方面的需求也逐渐旺盛，这为主播的发展提供了强有力的条件支持，无论大众是想要多元化的泛娱乐内容，还是高精度和高深度的价值观认同，都能从火爆的直播经济中找到答案。

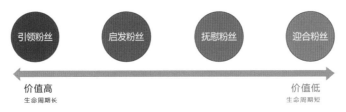

图 4-37　主播的生命周期取决于其价值引导能力

2. 物质需求

在物质需求层面，直播行业的发展壮大形成了新的经济体系，即直播经济。直播经济为主播提供了一个流量变现的极佳手段，同时直播经济基于大众和社会的需求开辟了一个全新的产业链，目前，该产业链正处于全面、高速的发展进程中。

4.6.2　主播对社会进步的贡献

主播的价值，不仅体现在精神和物质层面满足了社会需求，也体现在其对社会进步做出了一定的贡献。贡献包括在精神层面冲击原有的知识壁垒、娱乐文化向全民化和大众化方向发展和精神生活由娱乐至上向价值认知过渡；还包括在物质层面建立文化知识和经济发展的强关联以及推动泛娱乐业的快速发展，如图 4-38 所示。

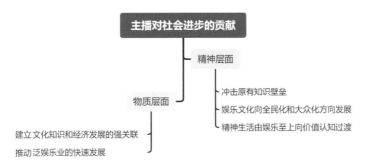

图 4-38　主播对社会进步的贡献

1. 精神层面

主播的出现与发展，让社会中的不同领域、不同行业的人都得到了展示的机会，也让不同行业和领域的人对其他行业和工种有了一定认知，使原有的知识壁垒遭受到了冲击，间接降低或消除了不同行业和人群之间的隔阂。

不同的知识获取模式与获取的知识所包含的不同特征，促使原有知识壁垒遭到冲击。目前已知获取知识的大众渠道包含两个模式，分别是主播出现前的传统模式和主播出现后的现代模式。

传统模式包含电视、电影、报纸、杂志和书籍等方式，获取的知识由主流文化引导，并且只有较少数的群体会参与其中，所以中心化的特征特别突出；现代模式包含了抖音、微博和小红书等平台，获取的知识是群众自发组织并构建而成，并且大量群众参与讨论的结果，所以去中心化的特征也非常明显，如图 4-39 所示。

经过富足物质资源的沉淀和积累，大众出现了新的精神需求，例如对生活品质的追求，包括情怀、渠道多样、内容丰富、个性化特征和精美等，以及对生活体验的追求，包括时尚品位、社交趣味、高科技、高智能、提升自己和价值认同等，如图 4-40 所示。

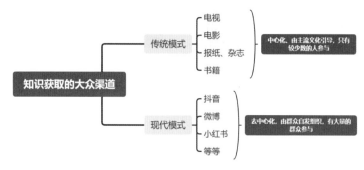

图 4-39　知识获取的大众渠道

图 4-40　新的精神需求

　　主播的产出内容受粉丝追捧，究其原因是群众对自身精神文化新需求的一次大胆发声，也是娱乐文化需求由国家引导向全民自主发声的演变。

　　综上所述，大众对主播价值观的认同，代表了大众的精神追求由娱乐至上向价值体系的认知过渡。不同主播的价值观会吸引到不同的粉丝群体，最终催生了不同的产品逻辑、不同的商业模式和不同的生命周期。下面介绍两种不同的主播价值定位，其会产生不同的社会效应和生命周期。

　　如果是响应国家号召并且能够获得大众青睐的正能量主播，则该主播的价值观一般由个人价值、主播价值和社会价值三个方面构成，如图 4-41 所示。三方结构的价值观不仅符合社会潮流，且具有极强的生命力和广泛的号召力。

个人价值 ＋ 主播价值 ＋ 社会价值 ＝ 符合社会潮流

图 4-41　正能量主播

　　如果是具有一定市场潜力但是也很容易被群众抵触的主播，则该主播的价值观一般由主播价值＋个人价值构成，如图 4-42 所示。这种价值观会在一定领域或思想上违背社会的主流观点，所以他的生命周期较短。

主播价值 ＋ 个人价值 ＝ 违背社会主流观点

图 4-42　很容易被群众抵制的主播

案例　负能量主播的价值容易被抵制

直播刚刚兴起时，主播 K 喜欢和粉丝进行"对骂"互动，由此形成了自称"嗨粉"的黑粉团体，并且喜欢在主播直播过程中恶搞主播。因为可以在直播间发泄生活或工作中的不愉快，主播 K 的粉丝团体迅速发展壮大，并且由于聚集平台为贴吧，又迅速吸收了贴吧中部分拥有抗压和背锅特质的原生网民。迅速壮大的粉丝团体形成了独特的、类似于朋克文化的"抽象文化"，该文化以混乱、原始、反权威和娱乐一切为主旨。

但是互联网中不只存在负能量网民，也存在许许多多的正能量网民。"抽象文化"因造梗能力强和用梗人数多的特质迅速打入正能量网民中，造成"嗨粉"数量急剧增加，原始文化被稀释，文化解释权向正能量网民方向滑落，粉丝整体素质上升。

主播对社会的推动作用和泛娱乐的作用基本重叠。同时无论是知识壁垒的消除，还是群众的积极参与，甚至大众对于更高层次的精神追求都是主播去中心化特点的集中体现。

2. 物质层面

直播经济让娱乐文化和经济的发展建立了更强有力的联系，表现为经济发展为娱乐文化发展提供物质基础，而娱乐文化的发展为经济的发展提供内核升华。

由于直播行业是泛娱乐业的重要组成部分，所以直播行业的良好发展可以极大促进泛娱乐业的快速发展。

虽然直播行业中充斥着许多负能量甚至垃圾信息传递，或者极端的价值取向，但不可否认的是直播仍然为大众的知识获取提供了新的手段，也为大众价值观的交流提供了新的平台，所以直播已经成为当代文化生活的重要组成部分，它的社会价值也是毋庸置疑的。

4.7　本章小结

本章主要讲解主播分类的相关知识。具体包括主播的含义、主播的类型、主播的分级、主播的社会价值、主播的适用平台及人群以及主播的规范与管理等，同时在大量的知识点中增加案例，帮助读者快速理解和掌握相关知识。

第5章 主播运营

在直播行业中，将主播和直播活动看作产品并对其进行人工干预的一系列工作被称为运营。直播行业中运营人员的主要目的就是让主播的职业生涯和直播活动目标在运营的加持下事半功倍。对于主播和所属经纪机构来说，基于目前网络信息严重过剩的情况，只有掌握了正确运营主播的方式方法，才能让受众发现并受主播的吸引，最终为主播的变现目标添砖加瓦。

本章中将针对主播运营的含义、目标和主播运营的流程与原则进行讲解。帮助读者了解主播的培养流程、管理规范和考核方法。让读者懂得如何评估主播的商业价值，如何保障主播的劳动权益。

5.1 主播运营的含义

主播运营，从字面意思上可以简单理解为对主播和直播活动进行运作和营销以获取营收的行为。

根据直播行业的内容和规则将概念规范化，使其具有一定的学科性质。此时的主播运营是指通过培训、包装和推广等人工干预手段，使签约在公会、MCN 机构或平台的主播获得成长并最大限度实现他们自身价值的一系列措施。图 5-1 所示为主播运营的工作画面。

图 5-1 主播运营的工作画面

通过实际的工作发现，主播运营的本质是在主播成长过程中涉及的内容孵化、营收增量和层级上升等各项管理工作的总称，如图 5-2 所示。

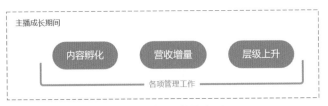

图 5-2 主播运营的实质

1. 职业素养

主播运营是一个极其复杂和琐碎的统筹类工作，正是因为工作的特殊性质，才使主播运营岗位的职业要求区别于其他岗位。

主播运营岗位对于从业者有一定的必备基础素质要求，例如具备投入产出比意识、目标意识、效率意识、流程化意识、精细化意识和回报后置意识等。只有具备上述全局意识的人，再加上良好的工作习惯和体系化的思维才能在对主播进行运营管理时，做到规避风险和细节把控，并且最终成为一个出色的主播管理者。图 5-3 所示为主播运营从业者必须具备的基础素质要求。

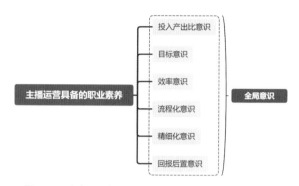

图 5-3　主播运营从业者必须具备的基础素质要求

2. 职责划分

主播运营的具体职责划分为内容策划、活动运营、弹幕运营、社群运营、文案编写、媒介运营、商务拓展、推广执行和事件营销等。图 5-4 所示为主播运营的职责划分。

图 5-4　主播运营的职责划分

每项职责都由很多细小的工作构成，但是不一定每一项工作都必须执行，也不是每一项工作都必须由运营亲自去完成。在一个团队中，主播自己、主播经纪人或主播助理应该知道这些方案或方式，在必要时由他们帮助运营完成。

5.2　主播运营的目标

在直播行业中，主播主要依靠粉丝生存，所以主播运营一般主要有四大目标，分别是拉新、留存、促活和变现，如图 5-5 所示。

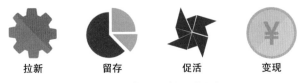

图 5-5　主播运营的四大目标

1. 拉新

拉新目标是指利用运营方式不断为主播吸引更多的观众，即粉丝。由于当前的网络直播模式属于平台中心制，因此平台导流是最主要也是获客成本最低的拉新手段。

在现阶段的直播平台推荐机制中，人为因素还是会起很大作用，所以运营人员需要与平台对接人员处理好关系，这非常重要。包括与其保持良好的沟通以及持续为平台提供价值。平台之外也包含很多的拉新方式，但是比较纷杂，需要从业者在实际工作中具体情况具体分析。

2. 留存

留存目标是指如何让粉丝中的新鲜血液留在直播间，这是主播运营的工作重点和工作难点之一。实际上，想要让新粉丝常驻主播的直播间，主要依靠直播内容质量，运营只是辅助作用。

留存方法就是分析新粉丝进入直播间的缘由，再利用话术引导和弹幕节奏等方式吸引粉丝注意力。在直播行业中，能否持续观看只取决于进入直播间的前一、两分钟，但是粉丝是否关注主播则取决于很多心理因素。因此，直播结束后运营可以使用受众思维分析问题并策划方案，让直播间中的新粉丝成为"铁粉"。

3. 促活

促活目标是积极加深主播粉丝的忠诚度，想要实现该目标，就要让粉丝积极参与直播间弹幕、微博上与主播相关的话题和粉丝群等各项互动。粉丝对主播的付出越多或者活动参与度越高，增加粉丝黏性的同时保持粉丝的活跃度。

如何让粉丝积极参与，则是主播运营的工作任务。此时主播运营可以使用许多运营方法，包括活动规划和精细化的个体沟通等。如果拥有大量粉丝的头部主播，主播运营可以借鉴社区运营思路，例如让粉丝彼此建立联系。

4. 变现

变现目标是指通过运营手段提高主播的收入。除了打赏分成和签约费的固定营收以外，还有很多方式可以不定期为主播增加实时营收，包括硬广告、场景植入、电商渠道和商业活动宣传等方式。图 5-6 所示为实现变现目标的方式。

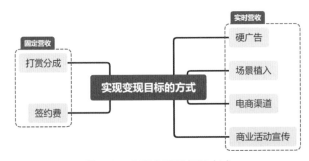

图 5-6　实现变现目标的方式

在直播行业中，各直播平台目前并没有找到主播的广告需求痛点以及受众的广告接受痒点，所以硬广告的变现方式还需探讨和实践。

现阶段，场景植入的变现方式具有很多的开发途径，包括主播的吃、喝、玩、乐等，都可以以商业赞助的形式完成场景植入。但是场景植入需要合情合理，即主播的主业是直播，这是立业的基础，然后再以跨界场景植入产生最大商业价值。例如专职的旅游主播其商业价值很低，但是具有高商业价值的其他类型主播可以尝试直播旅游，在旅游途中完成场景植入以增加营收。

如果主播想以电商渠道的方式增加营收，一般情况下不建议主播单枪匹马进入电商直播领域。但是如果主播作为电商导流渠道，这个情况可发挥的空间很大。

在直播行业中，除非主播具有了很高的商业价值，否则很难以商业活动的变现方式提高营收。

5.3　主播运营的流程与原则

对于主播运营人员来说，想要保质保量地完成每一场直播活动，遵守既定的运营流程和运营原则是必不可少的条件之一。

5.3.1　主播运营的流程

对于直播运营人员来说，面对一场直播活动，需要将活动分为直播前、直播中和直播后3 个阶段，各个阶段的工作环节以及各环节包含的具体工作内容如下所述。

1. 直播前

直播前需要完成组建团队架构、选品、脚本、直播预告、投放广告、装饰直播间、开播准备和开播测试等环节，如图 5-7 所示。

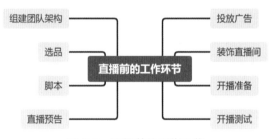

图 5-7　直播前的工作环节

1）组建团队架构

首先，组建一支包含主播团、中控、运营、拍摄剪辑、客服及售后的直播团队。其中，主播团主要由主播、副播和助播构成，他们各自的工作职责如表 5-1 所示。

表 5-1　直播团队各个职位的工作职责

职位名称		工作职责
主播团	主播	主要需要在直播过程中介绍直播活动、阐明产品、统筹全场以及与粉丝互动
	副播	主要负责在直播中带动气氛、介绍相关产品的促销活动、为主播补充产品的卖点和引导进入直播间的观众将注意力集中到主播身上
	助播	主要负责在场外实时了解销售额和订单数等指标，同时还要在场外辅助主播介绍产品特性、适合人群和优惠价格，同时及时告知主播大部分观众的需求，协助主播完成粉丝互动

职 位 名 称	工 作 职 责
中控	主要负责现场产品秒杀改价、核对库存、设置活动优惠、店铺后台设置以及PC直播端产品讲解配合等
运营	主要负责直播数据运营、推广以及把控全盘节奏等
拍摄剪辑	主要负责直播前拍摄一些物料视频及物料的剪辑工作
客服及售后	主要负责直播过程中产品解答和售前咨询以及发货后的一些售后问题

2）选品

一般情况下，一场直播的时长是 3 ~ 4 小时，在这么长的直播过程中不可能只针对一款产品进行介绍和推销，这样不仅会使反复介绍相同产品的主播感到疲累，也会极大地消耗直播间粉丝的热情。因此，在直播活动前，运营需要与主播一起进行选品工作，选择包括引流款、利润款、主推款和次推款在内的多样产品。不同类型产品的选择要求和定义范围如下所述。

- 引流款：又名"钩子款"，该类产品的特点是价格低，所以一般以"秒杀福利"活动出现在直播间中，是为了帮助直播间拉新的产品。
- 利润款：又名"高价款"，该类产品以盈利为出发点，所以一般情况下定价较高。
- 主推款：一般选择有利润且性价比高的产品，或者本身店铺销量高且用户好评度高的产品作为主推款。
- 次推款：一般能够与主推款搭配使用，或者是直播间粉丝群体喜欢的产品，会被选定为直播活动的次推款。

3）脚本

开始直播活动前，运营人员需要与品牌方、广告方、平台对接人员以及直播团队中的各位成员进行协调，安排并核对直播流程图、产品卖点、优惠措施和口播话术等脚本内容是否准确和完善。表 5-2 所示为脚本环节中各项内容的具体安排。

表 5-2　脚本环节中各项内容的具体安排

内 容 名 称	每项内容的具体安排
直播流程图	协调各方后，将直播过程中的各个环节按时间的前后顺序罗列在表格中，包括各环节的时间安排、直播内容和主播安排等
产品卖点	选品过后，团队全体成员从不同角度寻找产品优势，通过沟通确定各个产品的卖点
优惠措施	团队成员沟通讨论直播过程中红包和优惠券等促销措施
口播话术	运营为主播整理直播中需要讲解的话术并制作主播手卡

4）直播预告

直播开始前，运营人员需要为直播活动造势和宣传，最简单的方式就是直播预告，包括个人简介、账号昵称、日常短视频、预热短视频、花絮短视频、评论和字幕等形式，如图 5-8 所示。

图 5-8　不同形式的直播预告

不同形式的直播预告的发布时间和规则如下所述。

- 个人简介：在个人简介中替换带有直播预告信息的背景图片或者在个人信息中添加文字直播预告；
- 账号昵称：直播前将直播时间添加到主播的账号昵称中；
- 日常短视频：拍摄并发布时长在 20～30 秒的短视频，视频中包含直播预告；
- 预热短视频：直播前制作预告短视频，内容包括直播日期、时间和产品，同时需要回避秒杀、折扣、福利和优惠券等促销信息；一般情况下，开播前 2 小时发布预热短视频；
- 花絮短视频：预热短视频发布后，可以间隔一段时间再次发布以第三视角拍摄的花絮短视频，用以加强受众对于直播预告的印象；
- 评论：预告短视频发布后，运营人员可以再次在短视频的评论区维护直播时间以及引导其他用户发起评论；
- 字幕：运营人员可以在发布的预告短视频中添加字幕信息，例如职场白领必备、汪星人最爱或清爽型洗发水等，为主播直播间增加点击率。

除了在直播前发布预告，运营人员也可以在主播直播的过程中，发布 2～5 条预告，为直播间引流；如果该场直播是短期直播，可以通过发布花絮短视频来增加直播间流量；如果是长期直播，则可以通过固定直播时间逐步增加直播推荐流量占比。

5）投放广告

直播活动开始前，主播运营人员可以在所选直播平台投放广告，当广告上热门后，直播活动可以获得更多的关注和流量。

一般情况下，运营人员需要根据选品精准把握目标观众的年龄段和性别，让投放的广告可以引导潜在客户群精准进入直播间；同时需要选择近 1 个月内播放量高的短视频进行投放，提升广告投放效率；并且广告投放时间会选择与开播同步进行，这样可以为前期直播增加人气；对于曝光时长，运营人员可以结合直播时长选择合适的时长。

6）装饰直播间

装饰直播间应包括线下的直播间和线上的直播画面，包括直播中画面的贴片等。

在直播开始前，主播运营人员需要根据选品的类型指导团队人员布置直播间，使直播间的气氛与选品类型相得益彰。而且整洁、舒适以及颇具文化氛围的直播布景，不仅可以增强主播的自信，也可以提升主播的颜值和直播氛围。表5-3所示为直播间需要装饰的部分以及具体安排。

表5-3　直播间需要装饰的部分以及具体安排

装 饰 部 件		具 体 安 排
背景	挑选多个背景	当某个背景曝光时直接替换，但是每个都必须符合直播主题
	搭建货架背景	将产品放置在场景前方，并且有重点地对产品进行陈列；也可以增加背景纵深，用以展示更多产品
灯光	灯光均匀	保持该状态，不会造成过度曝光 必要时增加移动补光灯进行灯光调节
	背景曝光	提前测试，确保背景不会过度曝光
收音		将话筒摆放在指定位置，并确保话筒收音清晰
画面		建议多个角度直播，近景讲解产品，远景放置站台，增加全身角度
直播设备		将手机、高清摄像头、单反或摄像机摆放在主播前方位置
道具	活动提示板	准备一块能够快速举起和放下的提示板，板面必须干净且容易上色
	产品手卡	主播的主持手卡和产品的介绍手卡都放置在主播看得见的位置，注意不要暴露在镜头前
	辅助工具	选择一些能够更好突出产品优势的辅助工具，置于合适位置

7）开播准备

直播间布置完成后，开始准备直播的一些设备和网络环境，用以确保直播过程能够顺利完美地落下帷幕。

- 硬件要求：如果手机是iOS系统，建议使用iPhone X以上型号进行直播；如果手机是Android系统，建议使用品牌旗舰机进行直播；如果使用计算机直播，配置为Windows 10系统、8G以上内存和intel7的CPU，测试过程中无卡顿现象即可。
- 上传带宽：要求≥10Mbps，如果有网络主备方案，主备网络上行均需要测试。
- 网络环境：同一网络状况下保持仅有主播设备为连接状态，最好不要让其他设备抢占网速，用以确保网络稳定性，避免直播过程中出现中断情况。

8）开播测试

直播开始前的所有准备工作完成后，开始进行最后一个环节的工作，即开播测试。使用正式开播设备和正式网络环境，登录粉丝数量少的账号，将账号设置为私密，开播进行以下测试，避免直播期间产生未知影响。

测试开播账号：查看观众端是否可以正常看到直播画面；

测试直播间：检查主播会用到的直播间功能是否完好，检查直播基础功能是否正常；

测试主播：查看主播是否露出人像，观察直播清晰度是否满足活动需求；测试主播的声音和背景音乐是否正常；

如果有主备网络，测试时可以切换一次，观察直播间是否有卡顿现象以及容灾效果是否可接受；维持10分钟的当前直播测试状态，观察直播是否有卡顿现象。如无其他测试项，可以下播。

2. 直播中

运营人员在直播中包含两个工作环节，分别是引导互动和场控助播，如图 5-9 所示。在此工作阶段，运营人员的工作重心在于调控直播，起到辅助作用。

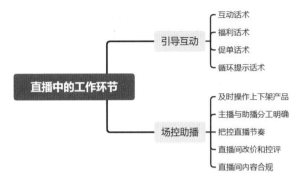

图 5-9　直播中的两个工作环节

1）引导互动

对于主播运营人员来说，直播中的引导互动环节的工作时间贯穿整场直播。虽然使用流程化和标准化的话术与粉丝开展互动，但为了减少直播间粉丝的烦躁感和枯燥感，可以几种话术交叉进行。方式为每隔几分钟运营人员使用活动提示板告知主播或助播，让其进行简单的话术循环，表 5-4 所示为不同类型话术的具体描述。

表 5-4　不同类型话术的具体描述

话　　术	具 体 描 述
互动话术	增加主动性互动引导、话题引导和关注引导，话术需要简单循环
福利话术	例如还有 XX 分钟开始发放红包、福袋或优惠券了，粉丝关注主播即可领取
促单话术	例如手速一定要快以及手速较慢的粉丝就抢不到等
循环提示话术	例如宝宝们，原价 XX 元的产品，今天直播间只需要 XX 元

2）场控助播

场控助播环节需要主播运营人员全程观看直播情况，查看包括收音、网络和灯光等基础部分以及下述需要实时注意的高级部分，用以确保用户端观看正常。

- 及时操作上下架产品：直播过程中通过电脑实时在后台上下架产品；
- 需要与主播分工明确：主播主要介绍产品，助播循环提示关注主播；及时提醒主播节奏，及时配合介绍相关产品情况；当主播处于空档期，副播需要接替主播工作；
- 把控直播间节奏：时刻提醒关注主播，主播出现失误或差错时及时纠正或调控；
- 直播间：了解如何控评和改价，提前设置管理员，并且提前将敏感词设置为屏蔽状态，保持直播间的正能量导向；
- 直播内容合规：提前了解直播规范，确保直播过程中话术符合直播规范。

　　课堂讨论：　控评即操控评论，在直播过程中，运营人员可以将直播间中的正面的评论顶上热评。读者尝试从不同角度分析直播期间控评的原因。

3. 直播后

直播活动结束后，主播运营人员只有一项工作，即复盘直播。复盘直播工作包括 3 个环节，分别是按时发货及售后处理、二次沉淀推广和数据复盘，如图 5-10 所示。

图 5-10　复盘直播的环节

1）按时发货及售后处理

如果没有按时发货，可能会受到平台处罚。详细处罚标准可以参考《小店虚假发货处理标准》《淘宝网发货管理规范》或《快手小店发货管理规则》等。

2）二次沉淀推广

直播完成后，运营人员可以将直播的业绩数据和精彩花絮等制作为宣传视频，发布到抖音、朋友圈或社群等平台进行二次宣传。

3）数据复盘

下播后，主播运营人员需要复盘数据，根据数据不断优化下一场的直播内容。主要复盘数据包括：UV（直播收看人数）和 PV（直播收看人次）是否达标、平均观看时长及转化率是否达到预期、产品结构是否合理、主播话术是否熟练、促销策略是否成功以及场控配合是否到位等。

5.3.2　主播运营的原则

作为一个主播运营的从业人员，必须掌握四大直播运营原则，包括直播主题多样化、直播形式多元化、直播内容垂直化和直播数据精细化，如图 5-11 所示。这些原则可以帮助主播提升直播间的人气和主播个人的商业价值。

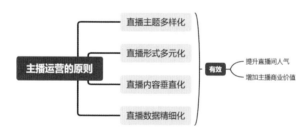

图 5-11　主播运营的原则

1. 直播主题多样化

主播想要直播间的人气长期维持在同一水平或稳步上升趋势，那么直播主题势必需要时常变换，才能让受众在不同的主题中体验到新鲜感。保证直播主题的多样化与新鲜感，该主播就具有了持续吸引用户的特质。

想要多样化的直播主题，可以根据主播的类型和等级进行丰富。例如带货主播，可以在直播间设置场景专题、专业测试、新品试用、同类产品 PK 展示等不同玩法。如果是以涨粉为目的的尾部主播，则可以在直播间设置粉丝回馈、粉丝活动日、派发大额红包以及户外闹市挑战等衍生的新玩法，如图 5-12 所示。

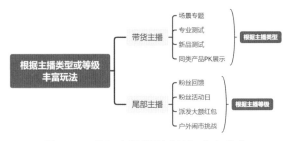

图 5-12　根据主播类型或等级丰富玩法

　　主播运营也可以积极与主播进行沟通，为直播间设定长期和阶段性的规划，并为每个规划赋予明确目的，并根据目的为规划设置不同的主题内容，配置不同的活动玩法以达到引导流量、吸引粉丝、巩固人气和带货销售等一系列目的。

2. 直播形式多元化

　　直播形式多元化原则与直播主题多样化的核心原理一致，都是为了增加直播间受众的新鲜感，只是变换内容从主题转变为直播形式。

　　对于游戏、娱乐和知识等直播环境长期处于室内的主播来说，运营人员不应该将这些主播的形式局限于直播间，而户外直播、工厂直播、观众连麦和主播 PK 等形式，都是非常值得参考的转换方式。只要直播内容与主题内容统一，不同的直播形式也可以给直播间受众带来更多惊喜感。图 5-13 所示为不同的直播形式。

图 5-13　不同的直播形式

　　作为运营人员，应该不断创新直播形式，这样有助于吸引追求个性化和多元化的粉丝，也有助于主播最大程度地进行粉丝留存，并不断帮助主播提升直播成交额。

3. 直播内容垂直化

　　根据直播间受众的偏好，选择某一领域进行直播内容深耕，打造专业化人设，并且持续生产粉丝喜欢的内容，让直播间变得更加专业化，这可以保持直播间的人气。

　　主播运营也可以尝试将主播擅长的内容与某一受众群体喜欢的内容相结合，扩大受众范围的同时提高成功的可能性。包括户外主播＋农产品、测评主播＋美食尝鲜、旅行主播＋海淘生鲜、低颜值主播＋美妆以及知识主播＋专业讲解等，如图 5-14 所示。

图 5-14　主播擅长内容与受众群体喜欢的内容相结合

4. 直播数据精细化

不论是尾部主播、中腰部主播还是头部主播，数据分析都是团队中运营人员必须具备的技能。同时基于竞争激烈的行业环境，粗略的数据分析无法为主播和直播间提供任何帮助，这就要求运营人员必须遵守直播数据精细化的原则。只有关注数据的变化，才能从中分析出粉丝的喜好，找到调整直播内容的方向，进一步提升主播的知名度和直播间人气。

观看人数、新增粉丝数量及来源、直播打赏渠道分布和直播订单增多或减少的缘由等数据，都是内容选题参考的有效依据。图 5-15 所示为运营人员对主播最近一周新增粉丝的来源分析。

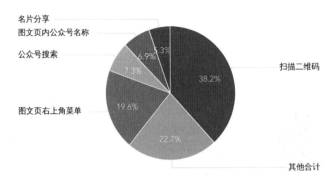

图 5-15　运营人员对主播最近一周新增粉丝的来源分析

5.4　主播的培养流程

主播符合主播经纪人的选拔标准进入平台、公会或 MCN 机构后，运营人员会对主播进行入门培训。培养流程包括形成职业认知、培养良好的心态、建立主播人设和规划职业发展四步，如图 5-16 所示。

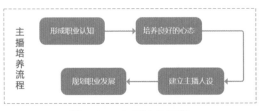

图 5-16　主播培养流程

5.4.1 形成职业认知

对于不了解直播行业的人来说，极有可能产生主播不是职业或者该职业的收入不具稳定性等错误认知。所以运营人员面对新主播时，让其产生并形成职业化认知是非常有必要的。这也是因为只有新人将主播看作一份职业时，他才会用心探索行业规则、积极提升自身能力以达到职业成长目标。要让主播形成职业化认知，需要让其了解和明白直播行业价值、职业化的形象、职业化的态度和职业化的习惯等内容，如图 5-17 所示。

图 5-17　形成职业认知所需内容

1. 直播行业价值

直播是利用互联网技术将物理上存在距离的场景与参与方联系起来，通过直播间这个平台和主播的引领，进行实时互动的一种新型社交方式。该方式根据大众的娱乐需求诞生了包括打赏分成、粉丝支持、广告分发和电商带货等商业模式，使更多人力和物力投入到直播行业中，从而产生行业产业链。

实际上，除去满足娱乐需求，在移动互联网时代，直播逐渐涉及产品展示、会议、方案测评、对话访谈和在线培训等方面，并且因为表现形式明了、交互性强、不受地域限制以及可划分受众等优势，使直播行业的产业链逐渐完善，发挥直播内容的最大价值。

综上所述，主播应该明白，直播行业的价值在于为一部分人提供了工作机遇，也为很多人提供了新鲜的娱乐方式和新型的办公方式，为国家经济添砖加瓦的同时满足了大众的精神和物质需求。

2. 职业化的形象

新人主播也需要明白，自己的职业与明星具有相同的属性，都是存在于聚光灯下的公众人物。既然是公众人物，那么为自己树立并保持正面、积极的职业形象，是对直播观众和粉丝最基本的尊重。每当直播开启时，主播由独立的个人变为直播间的代表和化身，此时主播的衣着、谈吐和行为举止都与直播间紧密相连，只有主播始终保持正面的职业形象，才能使自己的直播间拥有发展壮大的先决条件。图 5-18 所示为保持正面、积极职业形象的主播。

3. 职业化的态度

面对工作，不可以存在不劳而获和敷衍了事的想法和行为。因为任何一个行业中的任意一种职业，都需要通过努力工作来达成目标。

一般情况下，努力和用心程度会直接反映在最后结果中，主播这个职业也不例外。同时，主播还是一个需要长期努力和不断进取的职业。所以，新人主播也要摆正自己的职业态度，才有可能在之后的职业生涯中拥有比较好的发展。

4. 职业化的习惯

长期维持固定的直播时间和持续输出新颖的直播内容是主播职业的基本要求。对于新人主播来说，养成良好的职业习惯（每场直播都符合直播要求），可以帮助主播更加快速地进入工作状态，如图 5-19 所示。

图 5-18　保持正面、积极职业形象的主播

图 5-19　良好的职业习惯

5.4.2　培养良好的心态

新人主播经过第一阶段的培养产生正确的职业认知后，就可以进入下一个培养流程，如何在直播中保持良好的心态。下面是 3 条新人主播可能遇到的情绪问题以及解决方法。

（1）刚刚进入直播行业的主播往往会出现迷茫、焦虑以及对自己能力缺乏自信心等情绪，这些情绪属于主播成长过程中的正常现象，因此运营人员在这个阶段要与主播多多沟通和交流，帮助主播实现自我沉淀。

（2）主播工作期间，需要保持热情、积极、正能量以及稳定的情绪，这是主播必须具备的职业素养。如果主播在工作期间产生了负面和糟糕的情绪，直播间可能因为围观和同情等因素涌入大量观众，但是围观和同情只能给主播带来短暂的流量，并且长期的负能量更加可能导致原始粉丝教育关注主播。因此，主播在工作期间，一定要学会调整心态，合理分配时间，才能事半功倍。

（3）如果新人主播的直播间数据不佳，且没有铁杆粉丝，主播需要具有调整直播间氛围的能力。简单来说就是能够自说自话，将无人光顾的直播间氛围营造得十分热闹，引起观众的好奇心，从而纷纷进入直播间。

5.4.3　建立主播人设

学会保持良好的心态后，运营人员需要为主播确定直播风格。在该培养阶段，可以根据主播所掌握的才艺、特质或技能，为主播确定其适合哪个类型的直播。例如主播的颜值比较高再加上比较擅长演唱歌曲，那么运营人员就可以将主播划分到娱乐主播中的才艺主播阵营中。

再根据主播类型和内容特质为主播定位人物标签，即人设。目前市面上的主播大致可以分为 6 种类型，包括温柔型、搞笑型、可爱型、高冷型、睿智型和美艳型，然后根据不同的人设填充直播形式和内容。例如可爱型的主播，她的直播间背景音乐一般都是非常欢快和青春的歌曲；并且该类型的主播具有两大技能，即卖萌和撒娇；同时主播的妆容和服饰以粉色和淡绿色等小清新颜色为主。

为主播建立人设是为了抓住适合自己人设的粉丝，人设可以偶尔有变化，但是稳定的人设代表主播符合大部分粉丝的偏好，而偶尔的变化风格只是满足粉丝对于新鲜感的追求。所以，主播需要明确变化风格是暂时的，人设定位则是需要长期经营的。

1. 明确服装造型

为新人主播建立人设后，运营人员需要让主播学会搭配服装和造型，并且搭配的服装造型必须符合人设定位。下面是主播直播期间，关于服装造型必须遵守的 4 条规则。图 5-20 所示为不同类型主播的妆发造型。

　　　　美妆主播　　　　　　　　　　　　　　　带货主播

图 5-20　不同类型主播的妆发造型

（1）主播妆发需要配合灯光效果；

（2）主播的妆发效果必须符合人设定位，并能够衬托主播气质；

（3）主播的服饰风格必须符合要求，不得穿戴违规服饰；

（4）条件允许的情况下，主播造型和服装尽量每天进行更换，使观众保持新鲜感。

2. 营造氛围

直播间的氛围一般由主播话术、背景歌曲和特殊音效组成，主播话术已经讲解过了，接下来讲解新人主播如何选择背景歌曲和特殊音效。

（1）新人主播选择背景歌曲时通常出现一个误区，即按照自己的喜好选定歌曲，这是不对的。直播期间背景歌曲的选择应该符合 3 个方面的考量，分别是符合主播人设定位、符合大部分粉丝喜好以及可以调动直播间氛围，如图 5-21 所示。

（2）每周更新 7 首歌曲或者音乐，更新的歌单应该属于近期流行歌曲，这样更利于观众接受和融入直播间氛围。

（3）直播期间，在主播说话的空当配合特殊音效，包括笑声效果、鼓掌效果或倒计时效果等，为直播间制造轻松愉快的气氛，使观众处于放松状态。

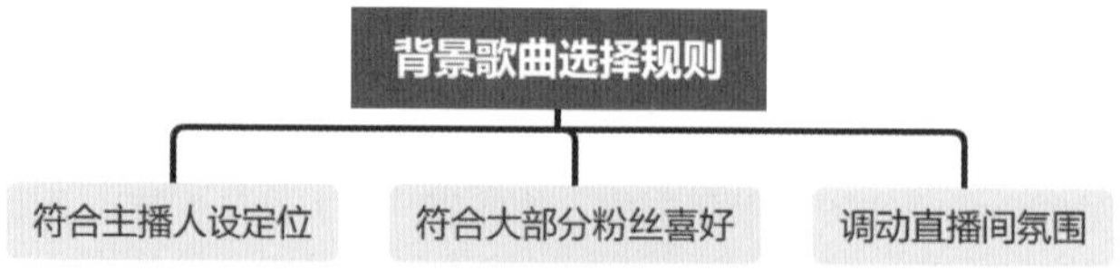

图 5-21　直播间背景歌曲选择规则

5.4.4　规划职业发展

任何一份职业都需要做短期和长期的规划，主播这份职业也不例外。主播运营需要为新人主播规划今后的职业发展，完成后主播会对自我有更高的要求，会有相应的努力方向。一般情况下，运营人员将主播职业发展划分为 3 个阶段，分别是新手期、成长期和成熟期，按照不同时期所需内容和目标安排具体任务。表 5-5 所示为不同时期的具体任务。

表 5-5　不同时期的具体任务

不 同 时 期	具 体 任 务
新手期	在新手期阶段，主播应该将注意力集中在学习直播技能以及新主播适应性心态管理方面，并且不要过多关注粉丝数量
成长期	成长期是主播发展的重要阶段，所以业务重点是粉丝积累和技能瓶颈突破方面 在此阶段，大多数主播都会遇到直播事业出现起伏的情况从而导致心态改变的发展瓶颈，此时运营人员需要注意主播的心态管理
成熟期	这个阶段的主要任务集中在丰富直播内容和粉丝管理等

当运营人员为新人主播规划职业发展后，对其的培养来到最后一个流程环节中，即告知主播直播期间的注意事项。下面有 4 条可供参考的注意事项，希望阅读注意事项的新人主播可以将其谨记于心。

（1）坚持维护粉丝利益，包括与粉丝保持恰当的关系、对所有粉丝一视同仁以及以粉丝利益为出发点开展工作；

（2）坚持自身的人设定位不动摇，如果遇到比较极端的观众，忽略该观众的行为与语言，并且为其他粉丝进行正确的引领；

（3）坚持不断地创新直播内容，让粉丝对主播保持新鲜感；

（4）坚持文明直播，包括直播中不出现违规和违法乱纪的内容。

5.5　主播的管理规范

运营人员深知主播维持正面形象以及吸引与维护大量粉丝的不易，所以尊重和认同主播的辛苦付出；同时主播也应该全方位遵守国家、平台和机构所颁布或制定的网络主播管理规范，让主播与运营人员之间产生坚实的感情，这将非常有利于主播的职业发展。

为规范网络直播行业的发展，经武汉斗鱼网络科技有限公司提出，湖北省标准化学会、武汉市软件行业协会联合组织了武汉大学、华中科技大学、湖北省标准化与质量研究院、武汉市新媒体行业协会以及斗鱼直播等 5 家互联网企业的专家，历时近半年，共同编制了《网络直播团体标准》，对主播管理方面提供了切实可行的行为规范准则。

该标准制定之后由湖北省标准化学会和武汉市软件行业协会联合发布《网络直播平台管理规范》以及《网络直播主播管理规范》。这是我国正式出台的首批网络直播团体标准。这两条规范包含直播平台的主播监控、账号监管和平台巡查等多个方面的内容，并对主播的着装要求、准入标准以及直播内容等进行了规范。

《网络直播主播管理规范》要求，女主播服装不应过透、过露，不能穿着情趣制服、情趣内衣、透视装和肉色紧身衣等；未成年人单独出镜直播，须提供监护人身份证和户口本，以及由监护人签署的申请书等。同时，《网络直播平台管理规范》重点明确了用户举报的相关规定，要求直播平台设置便捷醒目的用户举报通道，确保 24 小时畅通；对于网友举报的违规账号，直播平台应在接到举报后的 90 秒内，对其进行强制禁言或封号等处理。

5.6　主播的考核方法

运营人员在管理主播的过程中，需要设立一些考核标准与方法。这些考核标准能够客观、公平和公正地评价主播部门及成员的工作业绩、工作能力和工作表现；同时提高部门成员的工作热情和工作积极性，让其主动且高效地完成工作；还能帮助机构与部门之间建立一个有效的沟通机制；最终使主播个人目标、部门目标与机构发展战略一致，促使组织和主播共同发展。

1. 考核指标的类型与周期

（1）绩效考核类型：一般情况下，如果考核对象是整体部门，则采取季度考核。第一季度为 1 月 1 日～3 月 31 日；第二季度为 4 月 1 日～6 月 30 日；第三季度为 7 月 1 日～9 月 30 日；第四季度为 10 月 1 日～12 月 31 日。

（2）考核实施时间：下一季度首月 1 日～7 日对上一季度的绩效进行考核。

（3）计算绩效 / 奖金：人事和行政部核实部门小组绩效考核完成情况，并依次进行绩效奖金的核算以及发放。

2. 绩效考核方案

运营人员考核主播部门绩效时，一般使用季度部门目标、绩效考核评分标准以及绩效考核等级 3 个方案进行结算。其中，使用季度部门目标方案是为了测算主播部门整体目标的完成进度，如表 5-6 所示；使用绩效考核评分标准方案是为了对部门目标进行评分，如表 5-7所示；使用绩效考核等级方案则是为了剔除无效的工作人员，如表 5-8 所示。

表 5-6　季度部门目标

考 核 指 标	部门总目标	分 解 目 标		
		抖音平台目标	淘宝平台目标	微博平台目标
后台收益总额	XX 万以上			
主播开播率	Y% 以上			
主播流失率	Z% 以下			
主播收益增长率	X% 以上			

表 5-7　绩效考核评分标准

考 核 指 标	分　值	评 分 标 准	备　注
后台收益总额	40 分	40×（实际完成值 / 目标）	实际完成率不足 50% 计 0 分，超额完成可溢分

考核指标	分 值	评分标准	备 注
开播率	20分	20× 实际开播率	
主播流失率	20分	20×（1−实际流失率）	
主播收益增长率	20分	按区间取值	0%～40% 计 5 分 41%～60% 计 10 分 61%～80% 计 15 分 81%～100% 计 20 分

表 5-8　绩效考核等级

成 绩 等 级	绩 效 表 现	考 核 成 绩	判 断 基 准	绩效／奖金系数
优秀（A）	按时并保质保量地完成各项工作，工作业绩可以帮助实现整体目标	100分～80分	超过考核标准	1.2
合格（B）	该类部门的工作业绩能够达到期望值，具备完成所交办业务的能力	79分～60分	达到考核标准	1
不合格（C）	该类部门的工作业绩和价值观相对较差，在完成指定目标时存在一定问题，工作能力和效率有待提高	59分以下	未达到考核标准	0

（1）后台收益、主播收益增长 = 总流水－平台扣除总额；

（2）主播收益增长率 = 相邻两个季度中留存稳定主播的后台收益差额／上季度末主播收益总额；

（3）开播率 = 月有效主播／月主播总数，三个月数相加后取平均值；

（4）主播流失率 = 季度非有效主播／季度主播总数。

5.7　主播商业价值的评估

随着资本进入直播行业，由主播、主播孵化器和主播经纪公司组成的主播产业链已经形成。从内容生产、用户开发、营销传播到转化变现，充分说明主播的商业价值已经被深度挖掘。其中，转化变现就是对主播商业价值进行评估的最好方式，既有利于主播了解自身的优劣势，也有利于平台或 MCN 机构对主播进行更好的资源配置，帮助行业向上发展。

5.7.1　主播价值的评估方法

目前对主播价值评估的研究集中在两个方向，分别是财务视角和商业视角。财务视角根据无形资产价值评估方法对主播进行评估，包括成本评估法、市场评估法以及收益评估法；而商业视角则以排行榜的形式体现主播们的价值，包括克劳锐指数评估法和新榜指数评估法，如图 5-22 所示。

1. 财务视角

在财务视角中，因为是根据主播们的无形资产进行评估，所以研究的是主播价值的绝对值。主要的评估方法也各有优缺点。

图 5-22　主播价值的评估方法

1）成本评估法

成本评估法具有比较大的局限性，这是因为主播形象、职业技能和账号影响力等无形资产的价值具有较高的不确定性。这种不确定性使主播能够获得的经济价值与塑造主播形象过程中的投入成本无法形成比例；而且塑造主播的过程中，也可能根据时间或地点等因素的变化，使得投入同样的成本却无法打造出相同价值的主播。因此，不建议使用成本评估法评判主播价值。

课堂讨论： 无形资产是指没有实物形态的可辨认的非货币性资产。根据无形资产的定义结合主播和直播行业的相关知识内容，读者可以尝试分析主播的无形资产包括哪些内容，同时为什么无形资产的价值具有高度的不确定性。

2）市场评估法

财务视角中的市场评估法是根据目前市面上已有或相类似的相关资产价格对主播进行价值评估。由于无形资产具有受法律保护的唯一性，市面上基本不存在相同或相似的无形资产，而对于主播来说更是明显。主播是依靠其个性化的形象吸引受众而成名，因此极少存在雷同或完全相似情况，并且主播的市场价值并不是公开有效的，这就使得市场评估法不适用于主播价值评估。

3）收益评估法

在财务视角的收益评估法中，包含 3 个影响评估结果的因素，分别是未来现金流期数、各期未来现金流大小以及各期折现率程度，如图 5-23 所示。使用收益评估法评估主播价值的过程中，这 3 个因素受主播成名的偶然性和价值的不确定性影响，很难进行准确预测。由于主播的生命周期也是一个不稳定的维度，因此想要具备持续出现现金流的时间长度很难；受自身和外部市场大环境的影响，主播具有的收益能力也是一个会随时发生变化的数值，使得未来现金流获取度不稳定；在外界环境因素的影响下，主播行业的风险因素也同样具有不可控性，无法精确衡量主播价值的折现率。因此，收益评估法在衡量主播价值方面具有较大的不可控性。

图 5-23　影响评估结果的因素

2. 商业视角

在商业视角中，因为采用具有社会公信力的评级机构发布的结果，所以研究的是主播价值的相对值。各个评级机构都会根据品牌方或广告商的需求构建相应的评级体系，利用评估体系对主播的商业价值进行分析，再以排行榜的形式定期发布。目前市面上最具公信力的评级指数包括克劳锐指数和新榜指数。

1）克劳锐指数

克劳锐指数是克劳锐根据主播在微博、抖音、快手、B站、小红书和微信等平台上的媒体资产、用户价值、品牌效应以及传播影响力等方面的数据，进行分析得出的综合评估结果。表5-9所示为克劳锐的主播价值评估指标体系。

表 5-9   克劳锐的主播价值评估指标体系

指 标 维 度	指 标 说 明
媒体资产（50%）	原创文章阅读数量 / 原创短视频播放数量 / 直播观众数量
用户价值（20%）	用户和粉丝的打赏数量
品牌效应（20%）	平台粉丝 20 万以上文章数量
	发布原创文章、原创短视频或开启直播的次数
	粉丝增量
传播影响力（10%）	发布内容的转赞评
	百度搜索量

案例   使用克劳锐指数小程序查看主播的价值榜单

启动"微信"并定位于"发现"页面，点击页面底部的"小程序"栏目，进入后点击右上角的"搜索"按钮，在搜索页面中的输入框内键入"克劳锐指数"文字，点击搜索按钮，页面即可弹出相关小程序，如图5-24所示。

点击"克劳锐指数"小程序后进入程序的主页面，读者可以根据自己的需要查询相关主播的价值评估结果，如图5-25所示。

图 5-24   弹出小程序

图 5-25   主播的价值评估结果

2）新榜指数

新榜指数是由新榜基于海量数据、用户深度反馈以及专家建议而推出，用于衡量主播传播力的综合评估结果，此指数反映查询主播的当前热度和短期的发展趋势。表 5-10 所示为新榜的主播价值评估指标体系。

表 5-10　新榜的主播价值评估指标体系

一 级 指 标	二 级 指 标	指 标 说 明
主播自身传播（60%）	所属平台传播力	一定时间段内该主播账号在所属平台的传播力
	同类平台传播力	一定时间段内该主播账号在同类平台的传播力
网络舆论声量（40%）	所属平台提及度	在一定时间段内，所属平台的所有博文、短视频和直播中提及该主播的次数
	其余平台提及度	在一定时间段内，其余平台的所有博文、短视频和直播中提及该主播的次数
	百度指数	在一定时间段内，该主播的百度搜索平均数
传播加分项	短视频传播力	该主播发布的短视频，观看人数与粉丝数的对比
	直播传播力	该主播开通直播，观看人数与粉丝数的对比

5.7.2　主播价值的评估指标

不同的评估机构其构建评估体系的指标内容会存在一些差别，下面是不同评估指标所涉及的具体内容以及各个评估指标包含的评估方向和具体内容。表 5-11 所示为各个评估指标包含的评估方向和具体内容。

1. 主播影响指数

主播影响指数是指一个主播在互联网或某个互联网领域中的影响程度，这包括两个方面，分别是跨平台数据融合能力和对主播影响力的综合评价。

2. 主播传播指数

主播传播指数是对主播生产内容传播效果的评估，也是主播对内容运营是否成功的参考指标，还是企业衡量主播传播效果的标准。

3. 主播品牌指数

主播品牌指数是指主播整体的品牌价值，对于投资的企业和主播经纪公司来说，主播品牌指数有助于商业模式的扩张和经济价值的进一步变现。

4. 主播舆论指数

主播舆论指数是指主播能够造成的舆论导向程度，该指数是衡量利用主播强化企业形象和处理危机公关的标准。

5. 主播电商指数

主播电商指数是指对主播电商价值转化能力的评估，该指数对于利用主播销售产品的企业来说比较重要。

6. 主播创投指数

主播创投指数是对主播综合价值的全面评估，是资本市场衡量主播的主要指标。参考项包括商誉资本化、账号资本化、颜值资本化以及智力资本化。

表 5-11　各个评估指标包含的评估方向和具体内容

指数	评估方向	具体内容
影响指数	粉丝数量	主播在各类型平台上累积的粉丝数量，这是衡量影响力的直观指标
	粉丝黏性	粉丝对主播的认可程度，这一点与主播的形象和内容定位有关
	行业影响力	主播在行业领域中的影响力，与主播生产内容的质量和形象相关
	跨平台影响力	主播可以引起其他媒体平台关注的能力
传播指数	平台类型	主播在不同平台积累的粉丝数量存在差距，传播力度也有一定差异
	粉丝数量	主播在各平台上累计的粉丝数量
	受众偏好	不同受众对内容的喜爱程度都不一样，自然传播效果也是不同的
	媒体推广	主播是否被资讯门户网站和传统媒体进行推广，以及是否被微博和微信公众号等自媒体平台推上热搜或头条
	内容传播力	受众对直播的认可度，包括点赞、评论和转发量，其中转发为主导
品牌指数	主播品牌定位	主播在某领域的形象
	主播识别度	受众对主播形象的认可度，即主播在受众方面的知名度
	主播口碑	受众对主播的评价，也就是美誉度
舆论指数	平台影响力	主播所在的平台在该行业领域内拥有的话语度
	主播影响力	主要通过粉丝人数、网民关注度和新闻关注度等定量因素，来评价主播在网络平台上的知名度和网络关注度
	主播传播力	传播力主要是评价主播在主要媒体平台上传播内容的情况
	主播转化力	以实现变现能力、电商平台的成交数额以及融资情况对其进行评价
电商指数	粉丝数量	关注主播的粉丝数量，尤其是活跃粉丝数量
	粉丝忠诚度	粉丝对于主播所推荐产品的认可度
	产品因素	利用主播进行推广销售的产品属性
	促销吸引力	品牌联合主播所做的产品推广活动是否对消费者具有吸引力
	价格因素	产品价格是否符合绝大多数消费者的心理价位
创投指数	商誉资本化	全面评估主播影响力，以目前的发展状况和未来的发展趋势为参考
	账号资本化	小说和游戏等包含情节的故事类账号、明星形象称谓和歌曲名称等
	颜值资本化	主要特点就是偶像或个人的颜值符合当下时代受众的审美，其依靠粉丝经济变现
	智力资本化	指主播的知识和技能，主要存在于知识和文化产业中

5.8　保障主播的劳动权益

为解决网络直播平台跟网络主播的劳动权益问题，通过创新劳动基准法和合理约定竞业限制两个方面入手，达到保障网络主播合法劳动权益的目的。

5.8.1 创新主播适用劳动基准法

在对网络主播分类后，如何创新主播适用的劳动基准法也需要结合双方诉求进行考量，做出一些取舍，劳动基准法是劳动保护的最低标准，是劳动者权利的最低保障，对网络主播进行保护，首先要给予劳动基准法的相关保护。

1. 工时保护

我国工时保护对最高工作时间进行了具体规定，强制要求工作时长不得超过《劳动法》的强制规定，即要求网络主播的直播时间不得超过每天 8 小时，平均每周不得超过 44 小时。在直播行业中，一般直播平台会约定一个最低直播时长。虽然直播平台约定的最低直播时间为每天不少于 4 个小时，每月不少于 120 个小时，这个时长没有超过我国《劳动法》对最高时间的规定。但实际中，网络主播直播的时间要远远超过直播平台的规定。此外，很多主播直播时间虽未超过八个小时，但加上为直播所做的准备也已经远远超过八个小时。因此约定最高工作时间十分有必要。同时，以主播每月的最后收入为标准计算主播的加班工资更为适宜。

2. 休假保护

我国《劳动法》对休假的规定有两个方面的规定。一是用人单位应当保证劳动者每周至少休息一日；二是年假制度，我国《劳动法》规定，劳动者在工作满一年后就能够享有带薪休年假的权利，工作时间越长，享受带薪休年假的天数越多。

我国直播行业的特点是主播直播时间由自己决定，相比传统行业的劳动者已经非常自由。而带薪休年假制度主要是为了保护长时间工作而得不到休假时间的劳动者，显然网络主播自己的工作时间可以由自己确定，那么其继续享有带薪休假显然不合理。

3. 最低工资保护

我国不同地域的经济水平之间存在较大差距，各地的最低工资标准是各地政府根据当地经济发展水平，考虑劳动者本人及平均赡养人口的最低生活费用、社会平均工资水平、劳动生产率以及就业状况等多种因素制定的，一般能够满足劳动者生活基本需要。

对于直播行业来说，给予主播最低工资保护的同时也要考虑直播行业的特点，不能形成以底薪养闲人的状态。

4. 劳动安全卫生保护

在直播行业中，大部分主播其实并不需要劳动安全卫生方面的保护，但也有一些网络主播为了获得更多粉丝的关注，从事一些高度危险的直播活动。因此，才会需要劳动安全卫生保护。

劳动安全保护的主要原因是用人单位提供的工作环境过于危险，导致劳动者的生命健康受到损害，是用人单位生产活动对劳动者的损害。但是在直播行业中，是主播自己主动选择从事高度危险活动，并不受用人单位的指派，也不是用人单位的常规业务组成部分。所以这部分主播的劳动安全得由个人承担。此外，如果由直播平台承担劳动安全保护责任，会使更多的网络主播从事高度危险的直播活动。所以，不应当由直播平台承担劳动卫生和劳动安全保护责任。

5.8.2 合理约定竞业限制

在目前的直播行业中，应该以认可劳动关系为前提原则，合理约定竞业限制条款，保障主播的基本权益。下面是针对竞业提出的两条保障主播权益的建议。

1. 适当补偿原则

主播在履行竞业限制协议期间，平台应当给予适当补偿。适当补偿的标准由双方自由约定，我国《劳动法》明确规定约定竞业限制条款用人单位必须支付劳动者不少于原来工资 30% 的经济补偿。

2. 赋予主播单方解除权原则

《劳动法》将竞业限制协议的单方解除权赋予了雇主，但是，鉴于直播行业的特殊性，在直播行业中，应当将竞业限制协议的单方解除权同时赋予给主播，允许主播在要求解除劳动关系的同时，解除竞业限制协议。另一种情况是如果主播违反了竞业限制义务，允许主播在支付违约金或者赔偿金之后解除竞业限制协议。

课堂讨论： 竞业限制又称为竞业禁止或竞业避让，是用人单位对员工采取的以保护其商业秘密为目的的一种法律措施。读者尝试着分析为何要赋予主播单方面解除权。

案例 保障主播的合法肖像权

主播 A 应聘某电子公司网络主播，应聘时按照电子公司的要求试播了 1.5 个小时，试播中试穿了电子公司销售的 12 款衣服。之后主播 A 并未到电子公司工作，但电子公司却将主播 A 的试播录像用于淘宝店铺的宣传。主播 A 发现后，以电子公司侵犯其肖像权为由向法院提起诉讼，要求电子公司删除视频以及公开道歉并赔偿其精神损害费 12 万元。

一审法院审理后，判决：电子公司向主播 A 书面道歉并赔偿经济损失 500 元。主播 A 不服一审判决，提起上诉。二审法院审理认为：公民的肖像权受法律保护，本案中电子公司将有主播 A 参与的直播录像反复使用，放置在淘宝店铺网站上供潜在消费者点播，用于宣传电子公司产品，侵犯了主播 A 的肖像权。关于赔礼道歉的形式和时间，主播 A 因未能提供电子公司淘宝店铺使用直播视频的影响力及范围，因此一审法院判决书面道歉并无不当。关于赔偿数额的请求，二审法院根据电子公司使用主播 A 直播录像的时间、直播人员的工资水平以及主播 A 的劳务贡献和合理维权支出等因素，酌情确定电子公司赔偿主播 A 经济损失 3525 元。

在此案件中，电子公司虽侵犯了主播 A 的肖像权，但是并没有宣扬主播 A 的个人隐私或者捏造事实公然丑化其人格，并不会损害其名誉，因此，主播 A 上诉主张精神损害抚慰金，法院不予支持。综上，二审法院判决电子公司书面道歉并赔偿主播 A 经济损失 3525 元。

对于网络直播过程中产生的肖像权侵权，不仅需要主播个人提高风险防范的意识，更需要平台加强自身监管，规避相关法律风险。就主播个人而言，应在和平台、MCN 公司签署协议时，明确自身肖像的使用期限和使用范围，对平台或者相关利益第三方是否可以使用自己的肖像用于公司宣传、直播推广、带货销售和周边产品制作等均要做出细致的约定。如果不想自身的直播回放内容被他人公开传播，也应当尽快删除相关视频。如果允许相关单位使用自己肖像，建议与相关单位另行签署《肖像许可使用合同》，明晰因使用肖像而产生的经济收益归属问题。

此外，主播在防范他人侵犯自身肖像权时，更应当增强法律意识，在直播过程中不侵犯他人的肖像权。在这个"全民直播时代"，一次街头直播或探店直播，可能就会在无意间侵犯到他人的合法权益。因此，主播在街头直播或者在直播中可能会侵犯他人权益时，应采用公开且合理的直播方式，不采用偷拍和偷录的直播方式，并及时告知周围人正在直播的内容。同时，要注意主播镜头的角度，不以偷拍他人隐私、偷窥他人私人生活为噱头进行直播。对他人关于直播内容的投诉，应主动沟通，删除或者模糊化处理他人的肖像，以防范肖像权侵权的法律风险。

5.9　主播运营的职业能力

　　主播运营的职业技能由多方面能力构成，包括新手主播培训、主播情绪安抚、数据分析、粉丝维护、主播包装推广和直播活动策划等，这些能力可以帮助运营通过各种方式孵化和培养主播，实现提高主播开播稳定性和主播营收能力等目标。图 5-26 所示为主播运营的职业能力。

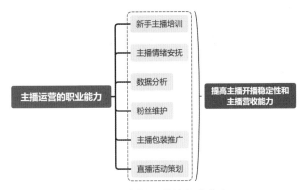

图 5-26　主播运营的职业能力

　　以上所述都是作为主播运营必须具备的职业技能，但是一个只有职业技能的主播运营是无法成为优质主播运营的。在实际的工作中，职业技能就像是战争中所需要的单兵素质与兵马粮草，这是一场战争的基础，而军队想要取得胜利只有这些基础是不够的，还必须具备善用兵法套路的军师或主帅；在直播行业中，兵法套路就是我们在运营管理中最重要的运营思维，而熟知兵法套路的军师或主帅就是主播运营。

5.9.1　主播运营思维

　　因为在直播产业链中，包括主播在内的所有人员都是为用户服务的，也就是说主播运营的本质是用户运营，只不过运营过程的面向对象是主播，而运营的作用对象是用户；所以用户运营模式也同样适用于主播运营。

　　用户运营模式主要由拉新、活跃、留存和回流 4 部分组成，如图 5-27 所示。根据直播行业的实际情况，主播拉新部分的工作由主播经纪人负责，主播运营除了剩余的活跃、留存和回流 3 部分工作，新添加了"变现"内容。因此，主播运营模式由活跃、留存、回流和变现 4 部分构成，如图 5-28 所示。

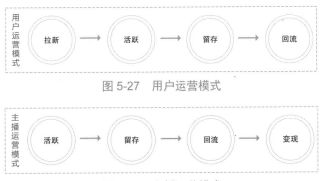

图 5-27　用户运营模式

图 5-28　主播运营模式

1. 活跃

活跃就是主播运营督促新主播开播以及对开播主播的直播稳定性进行维护与管理，此时需要一些常规的运营手段，包括主播保底政策和开播奖励政策等。影响主播活跃率的原因有3点，分别是现实生活中的不可抗力因素、直播情况与预期不一致以及抗拒心理，如图5-29所示。

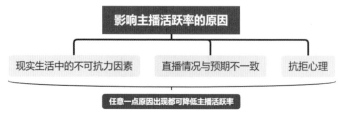

图 5-29　影响主播活跃率的原因

1）现实生活中的不可抗力因素

任何人都无法预料自己的生活或工作会发生何种变化，这种变化就是现实生活中的不可抗力因素。当不可抗力情况发生后，不管是好事还是坏事，都会使自身处于一个兴奋或哀伤的情绪状态中，非常影响人们的工作效率。主播职业也不例外。当主播遭遇这种不可抗力因素的变化时，表现为直播次数的减少、直播过程中的亢奋情绪或营业态度不佳等。

2）直播情况与预期不一致

在直播行业中，有一部分主播会因为对自身条件、行业发展和职业收益的认知不够清晰，产生过高的心理预期。在开始直播后发现直播情况与自己预期不一致，同时持有对行业头部人员高收入的质疑，从而产生不平衡的心理，导致其心态发生变化，最终演变为自我认知怀疑，表现为缩短直播时长、直播过程敷衍甚至不开播等情况。

一旦运营人员发现主播存在上述问题时，需要结合之前的培训课程和当前主播的心理情况进行干预。首先，为主播树立正确的工作观，即任何人在工作中都需要做好自己分内的事情，才能获得正向的回馈，开启直播也不例外；其次，必须让主播对收益有一个正确的认知，即在任何工作中，工作收益的高低一般取决于工作内容是否突出，当主播的直播内容足够精彩，拥有一定的粉丝并且粉丝维护工作到位，这时的主播就会产生一定的商业价值，那么，主播的收益自然就会有所提高。图5-30所示为解决直播情况与预期不一致的方法。

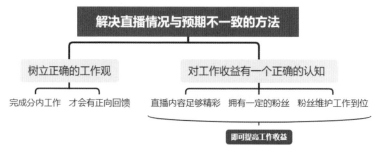

图 5-30　解决直播情况与预期不一致的方法

3）抗拒心理

如果主播在现实生活中的性格方面属于内向型，那么该主播在初入行并开始直播时，基于性格和低收益的双重原因，极有可能会产生焦虑和紧张等抗拒心理。

这类主播倾向于让自己处于一个舒适的范围内，如果此时要求主播对观众进行毫无保留的展现，可能引发比较严重的心理不适现象。也有一些主播会害怕自己做得不够好，遭到观众或团队成员的嘲笑，从而加剧了焦虑或紧张的情绪。从心理学角度上来讲，这就是明显的抗拒心理。例如主播和粉丝沟通时，缺乏有效的沟通方法，包括生硬的问候、较弱的临场应变能力、无法处理直播间的冷场现象以及遇到一些情况时的手足无措等，如图 5-31 所示。

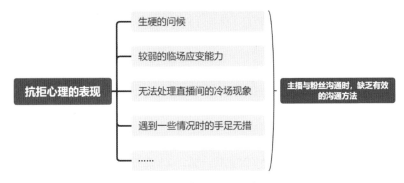

图 5-31　抗拒心理的表现

此时的主播也会非常渴望成长。因此，主播运营人员需要提供相应的处理方式，为主播消除抗拒心理并使其积极投身于工作中。

如果遇到这种类型的主播，首先，主播运营可以带领主播完成一些行为训练，例如开播前让团队成员假扮观众并设定一些直播的常规突发状况，配合主播完成直播训练，并且在直播训练过程中，为遇到困难的主播提供解决方法；其次，反复执行这类行为直到主播自己可以独立完成一场直播训练为止，这类行为可以降低甚至消除主播紧张和焦虑的情绪，并帮助主播慢慢适应直播状态。这就是所谓的脱敏训练，即为主播提供一个可以获得良好沟通能力的过程。

综上所述，为了保持主播的活跃率，主播运营需要利用各种方法让主播稳定开播，同时发现并解决阻止主播稳定开播的问题。

2. 留存

留存就是主播运营稳定主播的开播时间、状态、粉丝数量以及主播的收益等，此时主播运营的工作重点在于情感维护、数据分析和粉丝维护等。

3. 回流

回流就是主播运营完成主播流失后的召回工作；一般情况下，这部分工作都是由于主播自身或者其他原因造成的停播或流失，此时主播运营需要利用运营手段或者政策更新让已经流失的主播复播。影响主播流失率的原因主要包括上升空间、合理收益和常规心态，如图 5-32 所示。

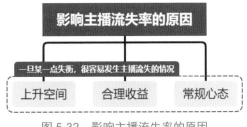

图 5-32　影响主播流失率的原因

1）上升空间

当一个主播签约到公会、平台或 MCN 机构后，如果主播在短期内职业技能或账号营收没有成长，产生该职业没有上升空间的认知后，主播会出现放弃心理，此时主播运营需要对其进行情绪和心理上的积极干预。

2）合理收益

一旦主播签约公会、平台或 MCN 机构，那么主播这个身份对他来说就是一份职业。大众对职业的第一诉求就是获得合理收益，体现在直播行业中就是主播依靠直播获得的收益符合心理预期。

基于上述内容，当主播努力营业并积极配合运营培训，但没有获得合理收益时，会产生退缩的心理。此时，主播运营一定要进行心理干预，同时向其阐明高收入主播也是通过长期的粉丝积累和认真营业来实现的。因此，持续为主播灌输"坚持直播"的心态和信念，是贯穿整个主播运营过程中的。

3）常规心态

现阶段绝大多数主播都是 95 后甚至 00 后等年轻人群，基于年轻人群越来越注重自我感受和体验的特质，如果一个主播与 MCN 机构、平台或公会签约后，工作压力或生活环境等变化，让其无法在日常生活中保持常规心态，很有可能导致该主播产生比较严重的心态或者心理问题，最终使所属经纪公司失去该主播，即引发离职流失的问题。因此，主播运营要多多关注主播在生活或精神上遇到的困难，并及时为主播分忧解难。

4. 变现

变现就是主播运营利用各种运营方式提高主播的营收水平；此时主播运营的工作重点在于提升主播的商业价值，使其稳定在一个较高的水平上，为实现可持续的高营收打下坚实的基础。

上述内容都是主播运营中比较重要的几个层面，运营根据 MCN 机构、公会或平台的发展，在每个阶段针对不同层面提供重点运营方向和方案，这样才能使主播团队快速并持续的发展壮大。

5.9.2　项目运营思维

成熟的主播运营会以目标为导向对主播进行运营管理，这是一种相对比较高效的项目运营管理方法。首先，合理地拆分每一个小目标；其次，积极完善每一个运营环节，并且在过程中不断调整优化运营方法；最后达到预期的运营目标。

项目运营的整体思路包括分析现状、整体规划、制定目标、预算方案制定、拆分目标、常规运营手段、过程控制和达标等步骤，如图 5-33 所示。

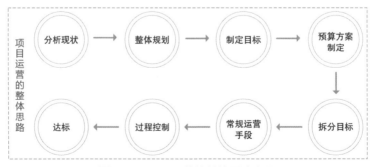

图 5-33　项目运营的整体思路步骤

（1）分析现状：分析现有环境，包括团队可以利用哪些资源、自身具有的优势和存在的劣势情况等。

（2）整体规划：做整体的项目规划，使团队人员对项目结果有预期了解。

（3）制定目标：根据团队的现状和整体规划，制定一个长期有效的整体目标。

（4）预算方案制定：根据心理预期、整体规划以及整体目标制定预算方案。

（5）拆分目标：将整体目标拆分为可完成的多个阶段性目标，根据阶段性环节的重要程度去分配预算资金。

（6）常规运营手段：按照常规运营手段控制各个阶段性环节的执行情况。

（7）过程控制：在每个阶段性环节的执行过程中，也要实时跟进并及时做出调整和优化，将阶段性目标的完成时间和金额控制在可接受范围内。

（8）达标：达标后复盘数据，核算投入产出比等细节工作。

5.10　本章小结

本章中主要讲解主播运营的相关知识。具体包括主播运营的含义、主播运营的目标、主播运营的流程与原则、主播的培养流程、主播的管理规范、主播的考核方法、主播商业价值的评估、保障主播的劳动权益以及主播运营的职业能力等，同时在大量的知识点中增加案例，帮助读者快速理解和掌握相关知识。

第6章 主播IP化

2020 年的一场疫情，给各行各业造成了影响，也给了电商直播一次爆发的机会。直播带货领域，除了主播和明星之外，各大企业总裁也纷纷做起了主播带货。

据数据显示，2020 年一季度电商直播超过 400 万场，预计今年电商直播市场规模会达到 9610 亿元，同比增长 111%。越来越多平台、品牌、个人进入这个领域，"直播带货"似乎成了电商的一个新抓手，而直播电商带货主播一度火爆全网⋯⋯

在直播电商的直播间里，主播成为最核心的角色，直播带货庞大的交易数字背后有一半是基于主播个人 IP 的价值，可以理解为：粉丝购买商品的动力有很大一部分是因为对主播的信任。

本章中将针对 IP 的含义、定位和产业链进行讲解，并分析个人 IP 的特征和作用，帮助读者快速理解主播 IP 化的特征和实现策略，同时掌握打造主播 IP 的方法以及主播 IP 的变现方式。

6.1 IP 的含义

IP 是英文 Intellectual Property 的缩写，直译过来的意思是"知识产权"。日常生活中比较常听到的有品牌 IP、网络 IP 和影视 IP 三种 IP 类型。

1. 网络IP

全称是网际协议地址，是一种在 Internet 上给主机编址的方式，相当于一个门牌号。由于流量不同，有的 IP 门庭若市，有的 IP 门前冷落。因此，流量对网络 IP 来说意义重大，为了流量，打造 IP 可以不惜血本。网络 IP 是基于互联网的知识产权。这里的 IP 像门牌号、身份证号一样具有排他的唯一性。

2. 品牌IP

品牌 IP 是品牌所独有的知识产权，比如发明、外观设计、文学和艺术作品，以及在商业中使用的标志、名称和图像。它分为两类：一类是著作权（也称为版权、文学产权），如文学、影视和艺术作品，这些也被称为精神产权；如技术、论文、专著和发明创造，这些也被称作技术产权。另一类是工业产权，比如外观和结构设计、在商业中使用的标志、名称、图像、图片和包装等。

3. 影视IP

影视 IP 可以是一个故事、一种形象、一件艺术品甚至一种流行文化。但它更多的是指能够二次或多次改编开发的影视文学、游戏动漫等。影视 IP 是品牌 IP 的一个分支。由于创意、创作的特殊性，它比在传统商业中使用的标识、字号、图形和图像更具品牌属性，更具冲击性和吸引力。

新媒体行业中的 IP 更接近于品牌 IP，即一个众所周知的形象，一个商业的入口。IP 从本质上说是一种无形财产权，它是智力成果或知识产品，是一种无形财产或者精神财富，是创造性的智力劳动所创造的劳动成果。

品牌和 IP 是相生相成的关系。IP 是承载故事（内容）、知识产权的符号。品牌是承载价值的符号（看得见的产品、享受得到的效用和支撑价值的科技）。故事、人格，让人一见钟情、一见如故，体现的就是价值，没有价值的共鸣，就没有 IP 和品牌。

在品牌 IP 化的过程中，好的 IP 相当于一个流量的入口，可以凭借自身的吸引力摆脱单一平台的束缚，在多个平台获取流量。比如罗永浩，在教育领域形成一个强大的 IP，然后他在抖音上迅速聚拢一些粉丝，摆脱单个平台的束缚，获得更多的流量。

课堂讨论： 学生试着阐述自己对 IP 的理解，并举例说出目前知道的几个超级 IP 主播，并分别说出每个 IP 主播的特点。

6.2 IP 的定位

成功的 IP 和成功的品牌都呈现出一个强大而独特的定位。不同之处在于——品牌是脑智定位，理性为主；而 IP 定位是心灵定位，情感及潜意识为主。品牌如果缺乏独特有力的定位，就很难发展为强势品牌；IP 如果没有独特占据人心的定位，也很难长期发展为强大的超级 IP。

6.2.1 IP 定位的要素

不管是来自动漫、影视或游戏，还是来自品牌、个人或文化，IP 定位的四个核心要素包括情感定位、故事原型、角色定位和符号原型，如图 6-1 所示。

1. 情感定位

首先，IP 定位指的一定是 IP 和人们的情感共振点——比如蜡笔小新的"贱"，孙悟空的"英勇"，机器猫的"口袋"，熊本熊的"傻"，美羊羊的"萌"等。这些情感共振点，就像一个个锚点，定在人们心灵的某个位置，所以很强大。

情感是从浅到深逐渐分层次的，分别是情绪、情感、情结（潜意识），如图 6-2 所示。IP 的情感定位越往深处，能量越强大和持久，越不受干扰。

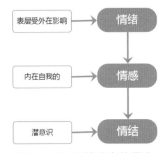

图 6-1 IP 定位的要素 　　　图 6-2 IP 的情感定位层次

1）情绪

情绪是最浅层的，也是人们接触内容感受最多的，很容易受到影响而随风飘散，需要靠不断增加阈值来刺激用户。但是不易乱用，超过一定程度就会变得麻木无感，或者消退。情绪对于 IP 崛起必不可少，一个 IP 想成功，总会需要几次广泛而浅层的情绪共振。

2）情感

情感是更深层次、更自我一些的，也被称为"自我情感"，是可以被自我清晰认知的情感定态，比如爱、独立、自信等，大部分比较成功的 IP 都是这种定位。

3）情结

情结是长期积淀的、与人性本质相关的东西，更深层次。蜡笔小新、熊本熊这些 IP 都是定位于情结的 IP，难以言说，却会被强烈感知。

综上所述，IP 可以分为浅层次 IP 和深层次 IP，越深层次越有持久力，不是说越多关注、越多话题就是强大 IP，真正深层次的强大 IP，是不需要话题性、不需要太多热度都能自然存在的。

2. 故事原型

原型化故事比社会化故事更能产生强大的力量，能跨越民族、国家和文化的壁垒，成为超级强大的 IP。原型化故事就是将故事定位在基本人性点上，而且表达人性最基本的成长、安全感等部分。

3. 角色定位

"角色定位"是指核心角色能否定位到人性情感层级中，从而实现关键的 IP 定位。角色如何定位于情感层级很重要，但却特别容易被忽略。忽略了，就容易造成 IP 的情感力量不足，打动力不够。因为最终成为超级 IP 的，往往不是内容本身，而是内容中的角色。

4. 符号原型

IP 最终在各个领域呈现的是符号，所以如果在开始孵化 IP 时，不注重符号性，会造成非常麻烦的后续发展问题。符号原型要具有独特辨识度和简洁可延展性。

超级 IP 一定同时是超级符号，所以必须要有自己独特的符号辨识度，如果没有，就等于是没有自己独特的文化，只是从众者，不是大 IP。

6.2.2 IP 的细分定位

在对 IP 进行定位时，定位要更加细分。以健身主播为例，很多主播没有一上来就说自己是健身达人，而是将自己更加细分到刷脂、练臀和健身餐等细分领域。关注这些细分领域的粉丝肯定是健身这个大类的粉丝，并且更加细分的领域让 IP 的价值感更加具体，给了粉丝一个关注主播的理由。

进行 IP 细分的方式大方向有两种，一种是纵向细分定位，一种是横向细分定位，横向细分定位又分为主领域 + 细分人群和主领域 + 副领域两种细分方法，如图 6-3 所示。

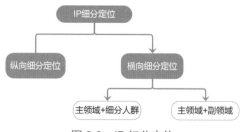

图 6-3　IP 细分定位

1. 纵向细分定位

所谓纵向，就是将一个领域中最终呈现的结果进行溯源，然后根据溯源到的最初始的开端，分析中间的各个流程，找出与 IP 本身最有契合度且在领域中关注度最高的一点。

还是以健身举例，锻炼出全身匀称肌肉的完美身材，中间的步骤要经过适应性训练、器械训练、有氧训练、力量训练、刷脂、健身餐、局部塑型等数个甚至十几个步骤才能达成。

首先可以根据细分出来的步骤，进行初步的细分定位。比如 IP 可以是"最懂适应性训练的健身教练"，也可以是"有氧锻炼总时长 10000 小时的有氧达人"等。

通过这样的 IP 设定，IP 可以在建立最初就呈现出不同于其他同类型账号的价值，在粉丝尚未完全了解 IP 的时候，给粉丝一个关注其他同类型账号时关注 IP 的理由。

2. 横向细分定位

横向细分定位其实就是在做加法。将 IP 所在的主领域同其他的概念进行结合，从而组合出一个新的领域。这种加法本质是赋予 IP 双重或者多重属性，让 IP 价值感得到增强。

这样横向做加法的细分定位方法有两个固定的方法。

1）主领域＋细分人群

任何内容生产出来，都是将价值交给粉丝。但是同样的内容，在每个粉丝心中的价值感却不同。通常来说，人们只会对与自己相关的内容感兴趣，并且相关性越强，越感兴趣。

主领域和细分人群的结合就是通过细分人群这个概念，在细分的粉丝群体中放大 IP 的价值感，让粉丝感觉 IP 所提供的价值好像就是为其量身定做的。

确定细分人群并不一定要在流量大的人群中做，而是要找与自身更加契合的群体去做。比如让一个男性 IP 去做关于女性整容的内容，肯定不如一个女性且有所成就的 IP 更适合。

2）主领域＋副领域

对于粉丝来说，任何粉丝都不会只对一个领域感兴趣。如果主领域和副领域同时影响了同一批粉丝群体，那么所带来的不只是粉丝的精准，更是对于粉丝的双倍价值感。

主副领域的叠加还有利于激活潜在的粉丝群体。还是以健身为例，假如有的粉丝在潜意识里有健身的需求，但是管不住嘴，这时出一个健身＋美食的 IP，就有着莫大的吸引力。

如果不考虑领域之间的相互作用，只讨论流量价值。那么将强流量的领域和强变现的领域进行结合，起到的效果无疑是巨大的。

6.3　IP 的产业链

传播学中信息传播会先通过"意见领袖"再传递给普通人。在报纸、电视和门户网站的传播模式下，这些大型媒体机构很大程度上替代了"个人意见领袖"的价值。直播的兴起，又让"个体意见领袖"回归了中心舞台。当社会大众重新分化，聚集到各自认同的主播周围，自然而然地产生了一条主播 IP 产业链。

传媒产业链可以分为内容生产端、内容分发或者传播渠道、变现环节和支撑、辅助行业四个模块，这些对标到主播 IP 产业链中同样适用，如图 6-4 所示。

1. 内容生产端

内容生产端指的是用以生产内容和打造直播产业的链路。主播、主播经纪公司和 MCN公司，都是广义的内容生产者。

主播及其核心内容的产生分为自造和他造两类。自造意味着主播的走红完全依靠自己，没有团队和其他外力协助。自造模式下产生的头部主播，为了确保持续生产优质的内容，也会走上孵化和经纪之路。他造模式意味着团体作战，对于中小主播来说，经纪公司存在的价值在于能降低打造主播 IP 的难度，同时能让主播的价值最大化。

经纪公司从内容着手孵化主播按内容类型可分为四类，分别是淘品牌电商主播孵化，典型公司有如涵电商、缇苏；直播主播孵化，典型公司有中樱桃、校花驾到；段子手主播孵化，典型公司有鼓山文化、楼氏传媒和牙仙文化等；视频节目类主播孵化，典型公司有万合天宜和暴走大事件等，如图 6-5 所示。

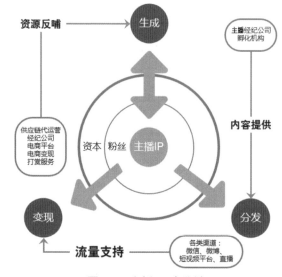

图 6-4　主播 IP 产业链

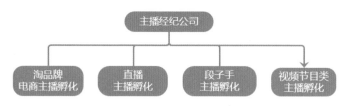

图 6-5　经纪公司孵化主播按内容类型分类

以淘品牌电商主播孵化为例，经纪公司会为电商主播配备专门人员，结合主播自身个性和目标人群特征，对主播的微博内容、淘宝店装修、服装选品等多环节内容进行把控。对于一些面容姣好但不具备较高的内容生产能力的主播而言，经纪公司的存在降低了她们成为超级 IP 的门槛。对于经纪公司而言，旗下的主播越多，产生的流量就越大，利润空间也相应提升。典型的代表有如涵电商和缇苏。

与传统的内容制作方（媒体或制作公司）不同，主播个人在更大程度上拥有内容决策权，是他们先有个人魅力和内容创意。很多经纪公司对主播的培养是很粗浅的，并不是塑造主播个人核心竞争力的关键。所以，即便靠着流量红利和运气，签约的主播中有了超级主播 IP，而一旦其出走，对经纪公司来说往往是比较难弥补的损失，很多经纪公司很难拍着胸脯说，我立马能打造下一个 XXX。比如，如涵控股上半年销售收入为 7756 万元，张大奕一个人就3931 万元，如果张大奕走了，就带走了如涵的半壁江山。

反观传统的内容生产方，机构工作人员是内容吸引力的主要提供者，比如编导、策划和制片人等。即便前台露脸的主持人、歌手、演员，也很难说离了某个机构还能一如既往红。

从发展趋势来说，经纪公司只有提升自身的艺人培育能力和内容策划制作能力，才不会过分受制于自家"大主播"。同时，很多优质的经纪公司也开始拓展网络影视剧和综艺等业务。

案例　直播公会组织

公会是直播平台他造模式的典型组织。目前，公会组织形式最发达的平台当数欢聚时代

（YY）。对YY官方来说，平台上数以万计的主播规模过于庞大，通过公会运营是节省运营成本、提升粉丝忠诚和活跃度及付费用户付费次数的重要渠道。通过严密的组织体系和结构，公会建立起了包括会长、人事、宣传、执行等多个层级在内的严密的框架体系，如图6-6所示。通过对付费用户给主播的打赏进行提成而获利。

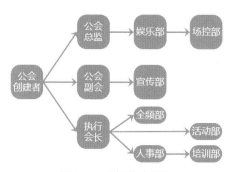

图6-6 直播公会层级

2. 内容传播和分发渠道

内容传播和分发渠道是用以进行内容传播和分发的链路。在内容分发环节，各类平台是主体，主播依托于平台进行内容分发。典型的平台包括微博、微信、抖音、短视频平台、视频网站、音频平台和各种垂直类社区。

对平台而言，主播既是优秀内容生产者也是流量收割机，能生产优质内容的头部主播成了平台竞相争取的对象。因此，各大平台纷纷出台内容生产奖励计划。

对主播来说，过于依赖单一平台的影响力，一旦平台人气不再，主播自身的利益也会受影响。为了降低对平台的依赖，形成更广的个体品牌知名度，一些强内容输出型主播开始了多平台分发之路。但是，多平台内容分发对内容生产能力形成了极大考验。目前只有少量主播能实现跨平台分发，更多的人只在一个平台活跃。

在内容分发过程中，主播或经纪公司会利用平台的生态来吸引更多的流量，比如抱团出现，一方面通过大主播带小主播，积聚流量孵化新主播，另一方面对经纪公司来说也降低了主播流失风险，也成为经纪公司拓展更宽广人群的重要手段。

3. 变现环节

主播完成从流量到收益的转化，一般会通过卖产品、卖服务、卖广告三种方式来实现。有些新主播在社交资产的积累中实现了从主播到个人品牌IP的跨越。

1）卖产品

流量的获取一般是在各类社交平台上，在这一环节还涉及粉丝的运营与维护，是否能把握住特定人群需求与喜好是获得并维系粉丝活跃度的关键。比如25～35岁的女性具有巨大的消费能力，颜值类主播向这个群体推荐女性、美妆类产品是非常典型的消费场景，她们如果向粉丝推销书籍，则场景和人群都不太吻合。

当消费场景和人群调性都符合的情况下，主播能否持续通过电商变现则需要拷问其供货能力，这涉及主播背后的供应链体系。供应链代运营公司除了要把控生产的速度，还需要做好品控、设计选款，运营店铺和管理客服反馈系统。总之，电商变现能力要增强必须提高从访客到消费之间每个环节的大漏斗漏出。

2）卖服务

服务和打赏类变现中，主播不需要借助其他平台就能将自身的特质和内容变现。这种变现方式的出现得益于网民在线支付和消费习惯的养成。直播类平台会把粉丝的打赏按一定比例与主播个人进行分成，目前最主流的服务变现就是直播打赏和付费阅读。前者受益的主播类型为颜值类主播，后者多为知识型主播及自媒体。这种变现方式下主播变现能力的关键点就在自身所吸引的粉丝数量。

3）卖广告

广告变现方式本质是向广告商出售主播覆盖的人群关注度。对于主播来说，这类变现方式的问题在于，如何平衡日常内容维护与广告，防止用户体验变差。为了让粉丝看广告时不至于掉粉，同时为了让更多人接受广告，广告的花样越来越多，主播们做广告的方式也与传统的贴片广告有了较大区分。在这个人群身上，"别走开，广告更精彩"似乎得到了某种程度的实现。

4）支撑行业

主播可以借助一些服务作为支撑，比如有助于主播提升自己形象的：化妆、美容、医美、麦克风、补光灯等；有助于提高行业效率的：利用大数据发掘潜力新人，提高电商选款效率，提高品牌广告投放匹配度的服务。

6.4 个人 IP 的特征和作用

个人 IP 是一种被市场催生出来的 IP 形象。在个人 IP 市场形成的早期，大多数从业者还停留在将自己塑造成专家形象的阶段，并没有过多地运用运营手段进行专业化的运营。但是当个人 IP 的标准化运营路径被摸索出来，且很多领域用专家来描述形象并不恰当，个人 IP 的概念就应运而生。

6.4.1 个人 IP 的特征

通过分析个人 IP 的市场现状，可以将个人 IP 定义为"在某一领域中，形成公共认知的个人形象"。即在某一个领域中的一部分群体公认这个人为某一种特定的形象。由此得出个人 IP 具有垂直领域、特定形象和共同认知三个特征，如图 6-7 所示。

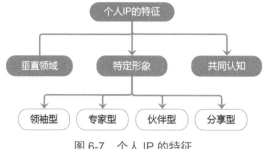

图 6-7　个人 IP 的特征

1. 垂直领域

目前大部分的个人 IP 都在深耕垂直领域，这是因为这个 IP 所聚拢的粉丝是最精准的粉丝，具有较高的商业潜力。另外一方面，粉丝为 IP 付费，必须建立信任连接，也就是说 IP 本身必须有让粉丝所信任的基础。最简单也是最本质的方法就是集中输出垂直内容，潜移默化影响粉丝心智，树立在本领域中的权威。

对于粉丝来说，获取需要的内容是建立连接的基础，粉丝持续性关注 IP 的前提就是能从 IP 获取自己需要的内容，也是对 IP 未来输出垂直内容的期待。如果 IP 输出了非垂直的内容，那么就没有满足粉丝对于 IP 的期待，挫伤粉丝继续关注的动力。另外一方面，IP 输出垂直内容，粉丝为 IP 的内容付出时间，这本身就是一场隐性的交易，也是两者的默契。

对于平台来说，需要通过 IP 的标签来进行流量分配，垂直化的 IP 更容易让平台进行内容识别，从而分配更精准的流量，让账号的数据更加亮眼。平台分配给每一个人的流量都是有限的，流量不会无限增长。垂直 IP 让流量更精准，精准的流量也会更容易成交。

2. 特定形象

在塑造一个 IP 的形象时，可以粗浅地将形象类型划分为领袖型、专家型、伙伴型和分享型四种类型。每一种形象类型背后都有不同的运营方式和内容方向。

1）领袖型

领袖型 IP 的特点在于强背书，并且背书一定是将 IP 具象为领袖形象，塑造成一个领域的领袖形象。由于有强背书作为支撑，所以这种类型的 IP 内容方向不受局限，但是必须要突显自己在行业的领袖地位。

在进行内容运营时，IP 要不断提升自己在粉丝心目中的领袖形象，把粉丝变成自己的追随者。把自己包装成粉丝心中想成为的那个人，才能保持粉丝对 IP 的关注。

2）专家型

这种类型是在各大平台中最常见的个人 IP 类型，因为在涌现个人 IP 的领域中，大部分都是新生领域，并没有已经成型的标准和学术论作，更没有传统意义上的专家作为行业规则的制定者，这就给了个人 IP 充分发展的空间。

塑造专家型 IP 时，要求背书和内容并重。这类 IP 的粉丝对 IP 交付自己的注意力和关注，本身就是为了获取对于自身有价值的内容，就像前文提到过的这是一场隐性的交易，如果输出给粉丝有价值的内容，那么粉丝自然而然会对 IP 进行持续性的关注。

背书的作用在于专家型 IP 所涌现的领域都是新生领域，在粉丝心智中并没有评定 IP 价值的标准。这种时候就必须利用背书来佐证 IP 输出内容的价值，让粉丝相信 IP 有能力持续性地输出有价值的内容。

3）伙伴型

这种 IP 的价值在于让用户感受到真实性，在运营之初，必须把形象设计得贴合大众。也就是 IP 本身代表的是这个领域中有需求的群体，粉丝可以在 IP 身上找到自己的影子。

伙伴型 IP 的用户画像非常重要，在运营之初必须精准找到用户画像，再由此来确定 IP 的具体形象。如果 IP 跟粉丝群体不契合，就会造成粉丝心中的认知错位，也就不会对 IP 有太大的感受。

伙伴型 IP 的运营根本在于成长见证和内容。这类型的 IP 并不需要背书，因为 IP 本身的成长就是最好的背书，再加上 IP 本身就代表了粉丝群体，自然会让粉丝看到 IP 的价值。内容是伙伴型 IP 的价值呈现，不仅要让粉丝看到成长，也要让粉丝看到如何成长，以及成长的方法，这是粉丝对 IP 的期待。

4）分享型

分享型 IP 即质量与数量并重的内容输出。只要有毅力推送几百条内容，那么这个账号基本上也就能起来了，对于机构或者矩阵来说，这也是最容易做的一种模式。

但凡事有利必有弊，这种 IP 类型很难形成高客单价，因为量大，所以一定会让用户感觉到廉价。但是在没有任何背书的情况下，大量输出有价值的内容是 IP 成长的唯一方法。

3. 共同认知

共同认知即让所有粉丝，至少绝大部分粉丝都认为主播是某种形象。形象的塑造并不只是简单的单账号内容输出就可以完成，需要通过 IP 联动、直播和在其他媒体平台曝光等形式共同塑造 IP 的具体形象。

上述所说的虽然也是内容，但是跟日常的内容运营并不是一个模式，如果内容把控能力不足，那么就容易使粉丝对 IP 形象产生动摇，甚至否定原本的 IP 形象。对于粉丝来说，每个粉丝之间存在着信息差异，如果没有足够的内容把控能力，就会让不同的粉丝群体对 IP 产生不同的认知。粉丝如果对于 IP 有不同的认知，那么粉丝为 IP 付费的转化模型就会不同，这也是为什么有些账号数据很好，但是变现困难的原因之一。因为粉丝对于 IP 的认知不同，使得每一次进行转化时所能针对的粉丝群体只是其中的一部分，基数不大，所以成交量上不去。

6.4.2　个人 IP 的作用

从个人的属性来看，个人 IP 比个人品牌更适合描述个人的作用，因为个人是真正人格化、形象化、故事化的，这些都是 IP 属性。

比如"老干妈"是我国最有影响力的辣椒酱品牌，也是 IP 形象烙印最典型的品牌，无论品牌名称、形象代言人、产品包装还是品牌故事，都是创始人陶华碧的个人 IP。

在新媒体时代，企业家个人往往比企业广告还能发挥更好的传播作用，比如雷军、董明珠和罗永浩等。除了企业家以外，企业中的技术人员、工程师等也可以成为 IP。对技术专家的打造，会有利于提升产品的科技魅力。

在进行用户转化的时候，一定会经历引流、截流、转化和复购四个阶段。通过个人 IP，可以为整个转化过程进行强有力的 IP 加持，让转化过程更加具有成效。

1. 引流

个人 IP 本身就自带流量，这部分流量就构成了整个转化过程的初始流量，很多时候，个人 IP 进行转化活动也仅仅是依靠自有流量进行转化，这就已经是非常大的体量了。

另外一方面，个人 IP 在平台中已经具有了足以使平台分配更多流量的知名度，只要搭载转化信息的内容足够优质，那么平台就会分配给 IP 足够多的流量。

2. 截流

截流的本质即用户对个人 IP 提供的内容产生价值预期，从而对个人 IP 交付自己的注意力。个人 IP 内容的价值属性在进行内容运营时，往往会提供密集的价值点，让用户无论在什么时候浏览内容，都会感受到 IP 的价值。

这就使得用户有足够的耐心去看完 IP 在内容中植入的转化信息，而不是随随便便一划就走。这也是为什么品牌方在进行 IP 投放时，会青睐个人 IP 的原因。

3. 转化

转化的基础是信任，而个人 IP 的信任是积年累月的价值输出和本身的背书共同造就的，已经在粉丝心中形成了强有力的信任。在进行转化活动的时候，只要内容没有问题，那么用户对于 IP 的信任，就会变化为对转化信息的信任。

在粉丝群体中，IP 就是粉丝的意见领域，也就是所谓的 KOL。IP 本身就对粉丝的消费行为具有相当的影响力，尤其是忠诚度高的粉丝，基本上会为 IP 的所有转化活动买单。

4. 复购

复购的本质是粉丝在第一次购买中可以得到足够的价值，让其对 IP 的信任加强。同时，这也是把用户对于价值的信任，转嫁到对于 IP 所提供的付费内容的信任。

IP 在进行内容的价值输出时，都是在维护用户对于 IP 的信任，这也是 IP 具有长远价值的保障。IP 只要可以持续为用户提供价值，那么用户就会继续为 IP 后续的转化行为买单。

6.4.3　个人 IP 的维度

可以通过知名度、商业价值和持续变现三个维度来判断一个人是否已经成为一个个人 IP。

1. 知名度

是否具有知名度是判断是否是 IP 的必要条件，如果主播连知名度都没有，何谈商业价值？再优秀的主播，如果没有知名度就一定不会被粉丝看到并关注，所以，知名度是第一要素。

2. 商业价值

人类的一大目的就是为了产生利益，也就是产生商业价值。无论主播的产品有多好，如果没有商业价值，那就谈不上成为 IP。注意，这里说的商业价值是指对象具有商业价值的属性或者潜质，同时也可指对象正在产生商业价值的行为，而不是指对象必须要产生了商业价值才能算属于 IP 的要素。

3. 持续变现

如果主播不能实现持续的变现，那也不能称得上是 IP，可能主播现在具有一定的知名度，也能完成变现，但如果不能持续变现，那也只能算是一个普通主播而已。比如抖音主播"眉毛哥"小吴，当时因为眉毛事件红极一时，也赚了不少钱。但是现在过气了，因为他没有能够持续变现。不能持续变现的原因是因为他没有持续输出的能力，只能靠一对眉毛，几个表情包出名，其他再无才艺。所以，真正的 IP 都是有持续变现的能力的。

6.5 主播 IP 化的特征和实现策略

主播 IP 化是个人价值在网络经济时代获得的一次重估。它的成因是在注意力经济时代，人们希望能够创造出更多的"注意点"，创造有别于"高高在上"的娱乐圈的另一种娱乐文化。

从行业的眼光来看，主播 IP 化是直播行业发展的一个必然趋势，也是整个主播产业的一个必然选择。从三个方面来看，主播 IP 化已经成为行业不可逆的潮流。

个人 IP 化能够对冲直播平台过度逐利而带来的内容虚浮的现象，能够让内容沉淀下来。对于直播行业来说，最宝贵的资源是人。怎么创造高流量主播，怎么留住高流量主播，是摆在平台面前的问题。

最佳状况是，平台本身具有很强的影响力，同时，个人主播能够在平台的生态系统里获得很好的成长与挖掘，使得个人 IP 化能够深度与平台进行捆绑，获得加倍的影响力。

其次，是个人 IP 化所带来的去"同质化"。同质化是 IP 经济发展一直以来存在的隐患。在微信公众号打开率日渐降低，传统媒体挣扎出路的时候，微博作为新媒体一端迸发惊人的创造力。金句、段子满天飞，微博红人各有千秋绝不雷同。而直播作为造星胜地，在打造个性主播方面也不逊色。

最后，主播 IP 化的最终目的是建立一个主播、平台、观众三者之间的生态关系圈。主播 IP 化是整个生态关系最重要的一环，而平台作为中介，它的优劣好坏取决于生态关系的黏性和自治程度。

主播 IP 化作为平台吸引、留住观众的关键，需要营造一个非常良好的主播孵化机制和互动机制。微博所拥有的超级流量和超级入口的作用，加上主播孵化机制以及高黏性的用户，这种合作生态关系显得水到渠成。

6.5.1 主播 IP 化的特征

随着网络主播数量和种类的增多，直播产业规模迅速扩大，"主播 IP"的说法也流行起来。主播 IP 化要具备以下几个特征。

1. 规律生产优质内容

目前，信息传播的主要方式为碎片化信息传播。人们并不缺信息内容，但是缺少优质信息和有内涵的信息。好的信息内容能够聚集人气，借助自媒体实现高强度和高密度的传播。

主播 IP 化需要用创意作为核心来承担其独特的人格化形象和价值观，并通过有规律地输出优质信息内容形成粉丝对其身份的认同和 IP 形象识别度，聚集相似性质的用户，从而实现更加精准的流量变现。

主播创作内容的核心是调性。只有以内容为核心的主播才能主宰价值塑造的能力，才能吸引有价值的用户，降低吸引新用户的成本，从而具备发展为 IP 的实力。信息内容的好坏决定了一个主播的 IP 能否得到用户的关注，甚至决定着主播的生命发展周期。一个人物 IP 只有不断向用户输送优质且独特的内容，才能持续吸引用户的关注。

2. 高效聚集流量

主播 IP 化能够实现流量聚集，形成一个具有自生产、自组织和自传播能力的完整生产体系。实现粉丝向消费者的转化，完成 IP 价值的商业变现是直播经济产业链上的最后一步，而具有高效聚集流量的能力则是这一环节的重点，也是主播实现从流量到影响力的关键。

3. 自带话题传播和营销

自带话题属性是主播 IP 化的表现形式，主要表现为信息共享的扩大和受众指数的急剧增加。病毒传播是主播 IP 引爆口碑效应的最好方式，因为在这个过程中主播 IP 可以借助口碑效应瞬间积累起数以百万计甚至千万计的粉丝数量，从而成为超级 IP。

主播 IP 化的一个重要表现是能够进行投入成本低的病毒式营销。通过深挖产品的卖点和主播 IP 的特点，再配以合适的网络传播话题，从而连接起产品和主播 IP 的品牌效能，迅速在受众心中占领制高点。比如"麻六记"品牌和其品牌主播的连接营销。

4. 多平台协调发展

单个主播的流量和价值潜能是有限的，场景化、规模化、矩阵化是突破这一瓶颈的有效途径。场景传播实际上是特定环境下的个性化通信和精确服务。在如今的传媒市场，竞争越来越激烈，平台风格越来越多，直播形式要求越来越具有专业性，多频道网络对主播是一项艰难的持续性考验。因此，主播 IP 化需要研究内容本身呈现的多种表达方式以及更多的内容分发方式。从内容、环境和价值塑造等多方面维度合力搭建起能够良性运转的品牌体系，矩阵化才能既自带流量又增强用户黏性，从而延长主播自我发展的生命周期，不断增强其自我竞争实力。

课堂讨论： 根据本节所学内容，试阐述主播 IP 化需要具备的条件以及可以通过哪些方法主播 IP 化。

6.5.2 主播 IP 化的实现策略

了解主播 IP 化的特征后，可以通过类型化定位、内容垂直化、众筹 +IP 策略和资本孵化等方式实现主播 IP 化。

1. 类型化定位

选择正确的直播类型定位，是实现主播 IP 化的前提，常见的主播类型定位有以下四种。

（1）文化乐活类。以一技之长或提供干货为立足点，能在某个专业领域给公众带来指导。

（2）游戏电竞类。关键点在于主持风格以及专业水准。

（3）美妆时尚类。以颜值为基础，以服装美妆等技能为手段，标签化地向电商发展。

（4）才艺搞笑类。能够快速建立自己的风格和搞笑模式，提高识别度，建立个性化品牌。

2. 内容垂直化

对于主播来说，不管是因为什么原因走红，在自媒体时代，想要持续发展，首先需要对自己的直播内容制定一套品牌定位，只有明确了自身 IP 内容的品牌定位，才能更容易地在某个领域得到粉丝长久的关注。

主播的经营转型与升级也要以内容为主。要始终保持有内涵内容的不间断输出，这就要求主播必须不断的学习，提高自身素质，或者在垂直领域一直挖掘，才能实现多个行业的价值变现，获得更长久的生命力。如果不根据定位进行持续的加工生产，主播将很难实现持续发展。

3. 众筹+IP 策略

优质主播 IP 能有效累积粉丝和口碑，具有良好的投资前景。随着直播市场的成熟，资本更倾向于选择有内涵的主播 IP 项目。

经过众筹投资带来的粉丝和支持效果能更好地提高 IP 变现能力，给主播群体创造出新的变现渠道，也推动直播经济向着多元化的经营方式迅速成长。

4. 资本孵化

电商公司、主播以及资本之间是相互联系、环环相扣的关系，资本看中了电商公司和主播合作带来的影响力和创造出的经济价值，而主播和电商公司也凭借资金支持不断发展和强化自己的 IP。

比如涵电商和缇苏电商，都是以服装商品为载体，通过借助张大奕等主播的影响力直接进行主播孵化、获得资本投资的电商公司。

6.6　打造主播 IP 的方法

在这个万物皆内容的泛娱乐时代，IP 是天然的社交货币，自带流量红利。它穿透了虚拟与现实，连接着商业与内容，已经成为新商业的新硬核。

超级 IP 是顶级流量，李佳琦、罗永浩等主播都是光芒四射的超级 IP。可以通过定人设、内容化和迭代运营三步打造主播 IP，如图 6-8 所示。

图 6-8　打造主播 IP 的步骤

6.6.1　定人设

所谓人设，是指人物设定，包括外貌、个性、兴趣、特长、性格、价值观等。人设的本质是核心形象，即标签组合。定人设就是找到那些主播所具备的有传播度并符合目标定位调性的标签。

一个成功故事一定要有一个成功的角色，一场成功的直播也一定会有一个具有鲜明特点的主播人设 IP。所以，不要惊讶为什么某某主播，某一场直播的成交金额（GMV）创造新纪录，与其说观众喜欢他们直播的商品，不如说喜欢的是他们的直播人设。

在直播商品越来越同质化的今天，主播具有鲜明特点的人设，很容易让首次进入直播间的路人观众对其产生记忆点，这样的记忆点能为商品增加无形的附加值。那么一个成功的人设究竟给直播及主播带来什么呢？

根据马斯洛需求层次理论，每个人在社会上都有着不同的需求，如图 6-9 所示。但是与人交往上首要的一定是信任需求。成功的主播人设能够赋予直播更高的观众心理需求，有助于建立主播与观众间的信任。

千人千面，每一种不同人设的主播都能对应吸引到喜欢他的观众，从观众到粉丝，再到下单购买，如图 6-10 所示。成功的人设能够使"吸粉"变得更加精准，直播转化变得畅通无比。

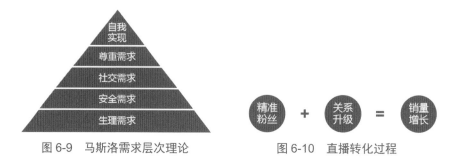

图 6-9　马斯洛需求层次理论　　　　图 6-10　直播转化过程

案例　成功的人设案例

老罗，男，47 岁，做过教师、办过网站、成立手机品牌，目前为某短视频平台签约主播。

他被称为中文互联网上第一代"精神偶像"。

2020 年 4 月 1 日，首次直播，面对 200 多万的观众。其中绝大多数人，都是冲着老罗的人设标签去直播间听"段子"的。

手机品牌创始人、直播还债、资深吃货等人设标签，给他带来了首播 3 个小时，累积观看人数 4800 万，销售额超 1.7 亿元，订单量超 90 万件的数据。

通过其首次直播选品和销售数据可以看出，在他身上的那些人设 IP，才是他最终成功的关键！

13 款热销商品，都有很强类的 3C 数码属性，其他的休闲食品类商品也对应了他资深吃货的人物标签。销售额第 1 名的智能投影仪，高达 1500 多万元。销售量第 1 名的麻辣小龙虾，销售量将近 1800 万份。

新时代的话语权掌握在新一代人的手上，如果不能引领新一代人的价值观，那 IP 的影响力就如那黄昏落日，依靠不断消散的余晖苟延残喘。定人设就是找到那些能够与粉丝共振的标签组合，新主播也可以通过使用"标签锥"工具快速确定人设属性，如图 6-11 所示。

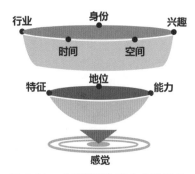

图 6-11　"标签锥"确定人设属性

"标签锥"分为三层，每一层都可以选择合适的标签，将三层标签组合起来就可以定义出一个具有高辨识度的标签组。当然，一、二层的标签也可以不选择。以《奇葩说》节目的整体人设为例：最会说话（第二层：能力）+ 奇葩（第三层：感觉）——最会说话的奇葩。具体辩手，比如颜如晶，只要把她爱吃这个兴趣挖掘出来，她的人设就出来了——最会说话的吃货奇葩。

对于很多中小企业或是个人主播来说，如果能将主播进行 IP 化的人设打造，不仅能够快速、长期地做到用户增长，而且在很大程度上增加粉丝黏性。如果能够打造出一个像老罗这样的 IP，那你直播间的影响力就势必会呈现指数级增长。

新人主播可以按照如图 6-12 所示的三个步骤建立属于自己的人设。

图 6-12　新人主播建立人设

1. 确定行业/领域

首先选择一个用户基数较大的行业，例如：3C 数码、美妆产品、女装搭配、美食分享、旅游博主和潮流服饰等。很多时候，某一个行业比如服装行业，也可以分为男装、女装、潮流穿搭等细分领域。之所以要区分得如此细致，主要是为了能够精准划分出主播的受众群体，也就是潜在粉丝。

关注几个这个行业领域内优秀的主播，学习和借鉴优秀主播或者 UP 主们（上传者）的优点，总结并学习，找到他们吸粉的秘诀。

2. 创新定位

在直播过程中，吸取优秀主播的经验和教训，努力做到人无我有，人有我优。尽量给自己贴上独一无二的标签。

主播必须要有自己的闪光点或特点，才能让观众记住。浮夸的着装打扮可以是一个标签，洗脑式的口头禅也可以是一个标签，例如：口红一哥的"所有女生"和"买它！买它！"。

3. 维护强化

主播为自己包装一个背景，通过背景为自己的标签进行背书，能够很好地强化主播的个性化标签。同时，这样的背景也决定了主播的号召力和公信力。还可以通过主播的从业或行业背景强化标签，例如：资深母婴奶粉柜员、妇幼医生一定比明星更懂婴幼儿奶粉的带货。当然，没有从业背景或经历也没关系，可以塑造一个生动且贴近观众的背景，比如"农民的儿子""口红一哥""直播还债"等都是属于这一类强化的人设背景。

具备鲜明人设的主播不仅能够缩短用户的消费决策时间，让用户尽快下单，更加能依靠自己的魅力为商品赋能，打造消费信任。

案例　强化主播IP人设

确定主播的 IP 类型后，可以通过以下 4 个步骤在视觉上对主播 IP 进行人设强化。

- 头像

头像是粉丝第一眼会看到的东西，头像的设置能辅助强化 IP 人设，需根据账号所在领域及定位精准设置。

- 头图

头图即账号主页上方的背景图片，是平台给到的仅有的几个信息露出位置。头图用对了，可以帮主播快速实现用户增长。

- 造型

将账号出镜人员的造型固化下来，培养粉丝的认知，发型、服装在一定程度上能够强化人设。

● 封面

根据内容来选取封面图，简单地说也就是内容与封面图的关联性。统一风格的调性可以提升大家对账号质量的认可度，色调、字体、样式，需与人设风格呼应。

语言是为个人 IP 服务的，用跟大众的表达方式不同的形式，也能形成自己的独特性。

6.6.2 内容化

内容化即为定好的主播人设进行塑形（塑造丰满形象）＋赋媒（赋予媒体属性）的操作。内容塑形包括长什么样子、穿什么、说什么和做什么。内容媒体由符号和载体两部分组成。符号包括文字、图片、音频、视频、短视频等；载体可以是微博、直播、游戏、动漫等，如图 6-13 所示。

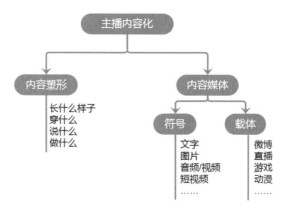

图 6-13　主播内容化

主播的外貌、穿着、话术和做事风格不能轻易改变，长久坚持才能给粉丝留下稳定清晰的形象。但是，人总是会喜新厌旧，所以必须通过花式变化来保持新鲜感。可以组合各种符号要素，用不同的载体形式呈现。守住不变的人设，变化媒体内容，这就是 IP 内容化的所有工作。

1. 好内容的标准

判断好内容的唯一标准是：瞬间共识，持久偏爱。泛娱乐时代，IP 是一种非常有杀伤力的商业模式，这也导致 IP 间的竞争异常激烈。一个 IP 要想从直播海洋中快速浮出来，蜕变成超级 IP，必须做好两件事：

1）与用户瞬间形成共识

让用户爱上主播的容颜，欣赏主播的穿着，认可主播的观点，认同主播的行为，这就叫作共识。"弱水三千，只取一瓢"，"取"的就是与主播有共识的那部分人。主播必须在路人观众进入直播间的那一刹那俘获他们的心，成为主播的粉丝。当然，一个好的人设也可以没有好看的皮囊，但必须拥有一个有趣的灵魂。共识更多的是情感共鸣，价值观匹配。

2）让粉丝持久偏爱

为什么动漫 IP、明星除了票房外，还有很多周边产品受粉丝们的追捧？为什么李佳琦这些超级 IP 可以带各种各样的货，而不是只有一个品牌。究其原因，都是粉丝的偏爱造成的。超级 IP 的商业价值在于其可持续的变现能力，而这种能力是构建在粉丝的持久偏爱之上的。偏爱与喜欢不同，可以今天喜欢这个，明天喜欢那个，而偏爱是偏偏就爱这一个，爱到毫无理由，爱到爱屋及乌，爱屋及乌是偏爱的商业化体现。

2. 打造主播 IP 内容化

了解了判断好内容的标准后，下面可以通过制作仪式感、场景化定制和种下"话题钩子"等方法打造主播 IP 内容化。

1）制作仪式感

仪式是固化的与众不同，可以是衣着打扮，可以是话术，可以是时间，也可以是动作等。只要能固化它，然后周期性重复使用，就能达到意想不到的效果。在对 IP 进行塑形时，一定要融入仪式，制造仪式感。仪式感能产生期待，形成愉悦，强化记忆。李佳琦的"OMG""所有女生""买它买它买它"就是主播营造的带货仪式感，如图 6-14 所示。

新主播制造仪式感，可以先做填词造句"营造 ＿＿＿＿ 的仪式感"，然后定义固化事项，最后坚持重复使用。

2）场景化定制

超级 IP 是活在特定场景里的超级物种。要让 IP 蜕变成超级 IP，必须给他塑造场域，让他在场域中释放正能量，形成强烈的气场，俘获粉丝。李佳琦直播室里一排排的口红就是场景化，营造了口红一哥的场域，如图 6-15 所示。

图 6-14　营造带货仪式感

图 6-15　营造口红一哥的场域

3）种下"话题钩子"

在流量成本高的背景下，超级 IP 自带超级流量对于商家有着极大的诱惑。IP 自带流量的本质是粉丝的偏爱，形式是自带话题，这种天然的自带话题属性源自其自身内容化时所提供的"话题钩子"，正是这些钩子把粉丝钩住，形成一个稳定的圈子。

超级 IP 本身就是一个社交货币，"话题钩子"正是其社交货币的内核。"话题钩子"包含五大类：

（1）正能量钩子。比如展示爱心、帮助他人和公益等；

（2）隐私钩子。比如独家秘密、成长史等；

（3）游戏钩子。比如瑞幸咖啡的裂变玩法等；

（4）猎奇钩子。比如潜水探宝、荒野求生等；

（5）"CP"钩子。比如李佳琪和金靖等。

案例　强化主播 IP 内容

完成主播人设的设定后，接下来可以通过以下 6 个步骤对主播 IP 进行内容强化。

- 口号

一个好的口号，是 IP 的超级符号，能够短时间占领粉丝的心智高地，在 IP 建立的过程是增强粉丝认知的名片。对 IP 而言，口号是 IP 对外形象的建立和传播，潜移默化中让粉丝记住，强化 IP 人格。口号可以从账号属性、主播特点、关键利益点，高度浓缩 IP 属性出发提炼。

● 标签

标签即对账号人设的辅助定性，起强化作用，让账号人设丰满起来，增强信任感。精准的标签能够精准导流。标签设置原则应以"IP 功能性＋账号发展方向"为主。

● 道具／标志动作／标志背景音乐

有特色并且有记忆点的动作也是打造个人 IP 的重要技巧。

比如 @麻辣德子，被称为最有礼貌的美食博主，在视频结尾都是双手合十，90°鞠躬引导大家点赞关注，还有一个比较细心的动作也让大家印象深刻，每次在做菜的空隙都会把灶台清理得干干净净。

● 固定的着装风格

着装风格也需要与主播的 IP 匹配，如果根据自己心情随意穿着，或者时常更换没有规律，会显得风格混乱，不利于用户识别。

比如 @仙女酵母，住在城堡里的仙女，所以她的着装都是比较有仙气的裙子，是仙女范，以法式复古宫廷风的穿搭为主，而不是那种曝光类或者运动类。除了着装，还可以有特别的配饰或者道具。除此之外，有些博主会戴墨镜、拿扇子，在固定的头箍等配饰上下功夫，寻找突破口。

● 固定的语言风格

比如 @多余与毛毛姐，使用贵州当地方言口音的普通话，幽默又风趣，很多人都是因为他那句"好嗨哦，感觉人已经达到了高潮，感觉人生已经到达了颠覆"而熟知。

比如 @朱一旦的枯燥的生活，朱一旦的配音人员，说话的风格就是慢条斯理的腔调，声音沉稳、有磁性，还不露任何喜怒哀乐的情感，很符合朱一旦的定位。

● 名号

名号由账号垂直度决定，起名号应遵循"三好原则"，好记忆、好关联、好寓意。"口红一哥"李佳琦、"农民儿子"辛有志均与账号关联度高，且容易记忆。

6.6.3　迭代运营

有了清晰的人设和好的内容之后，接下来就是对 IP 进行不断的迭代运营。检验好运营的唯一标准是：是否增强了 IP 的势能。

IP 势能的本质就是影响力。势能指标包括：可触达渠道数、粉丝数、活跃率、曝光量、转化率、GMV 和复购率。如果一次运营活动无法提高这些指标中的任意两个以上的值，那运营就是失败的。

在超级 IP 运营中要把握好以下五个关键点：

1.一切运营围绕粉丝

IP 运营的源点是偏爱，以粉丝为中心。IP 虽然是内容产品化，产品内容化。但是 IP 经济即粉丝经济，所以经营 IP 就必须围绕粉丝进行，特别是"铁粉"。他们是高裂变用户，一定要把资源向"铁粉"倾斜，并保持良好互动。超级 IP 的影响力是自下向上的，"铁粉"是其影响力的放大器，每个超级 IP 都有以"铁粉"为核心组织者的饭圈。比如一些流量明星的全球粉丝后援会，这是顶级流量明星背后的粉丝站，具有强大的组织运营能力，他们自发承担了为蔡徐坤抢博、打榜、控评……为了完成这些烦琐的任务，"铁粉们"会乐此不疲地自掏腰包，仅仅为了让自己的明星成为最闪耀的那一颗。

2. 目的明确，提升效率

不以结果为导向的运营不是好的运营。在设计任何运营方案之前，一定要先想清楚我们想要什么。是拉新？促活？粉丝互动？扩大知名度？带货变现？危机公关？要的结果不一样，策划方案的侧重点、需整合的资源和出现的渠道也不一样，最不一样的是内容必须完全为结果定制。带货头部主播李佳琦很明白他直播的目的就是带货，所以在镜头前，他的话术和制造的场域都紧紧围绕这个结果进行，单刀直入，直指结果。

3. 重点突出，主题明确

人的注意力在移动互联网时代是高度分散、碎片化的，缺乏耐心。所以在做运营时，无论是传播，还是互动，一定要舍九取一，快刀切入，单点穿透。所谓"一"就是运营目标，围绕着这个目标，重点突出，去繁就简。海报主题要一目了然，直观记忆；活动能三步完成的，就不要四步，每多一个步骤就会多一层流失，结果就更不可控。

4. 善于借势造势，提升影响力

借势即蹭热度，搏版面，这是一种讨巧的运营方法。好的借势应当是双方粉丝都无违和感，"CP"法是一种很好的内容借势法。

借势可遇而不可求，需要对热点非常敏感，而造势却可随需制造，是超级 IP 的撒手锏。造势需要有很强的整合能力和创意，适合超级 IP 运营的任何阶段。

5. 以数据驱动运营迭代

数据在运营中可以使用户画像高清晰，渠道精准，投入产出高效。趋势数据可以指导方案设计，行为轨迹数据可以提升转化率，AB 测试数据可以验证假设，用户群数据可以勾勒画像，渠道数据可以进行精准投放。

以数据驱动迭代，需要透过数据看到本质问题，不唯数据；需要通过数字看到趋势；需要结合多维度数据进行分析，以获得更精细的洞察；需要特别关注转化漏斗分析，绝大部分商业变现流程都可以归纳为漏斗，提高每一步的转化率，是变现的核心；需要关注大数据分析，更需要重视社群的小数据，这些小数据往往蕴含着新趋势。

在做运营的时候经常会关注的数据指标包括用户价值指数、渠道转化率、用户获客成本、用户分享率、渠道到达数、GMV、客单价、活跃交易用户数、活动曝光量、ROI、K 因子、UV/PV、MAU/DAU 和病毒传播周期等。常见的 AARRR 模型是一个不错的数据增长工具，适合超级 IP 的全生命周期数字化运营，不但可以用于线上推广，也可以用于线下活动，如图 6-16 所示。

图 6-16 AARRR 模型

定好人设，找到那些主播所具备的能与粉丝共振的标签组合。将其内容化，守住不变的仪式感，进行场景花式变化，种下自传播的"话题钩子"。然后紧紧围绕粉丝，以终为始，单点穿透，借势造势，以数据驱动迭代运营，不断增强主播的 IP 势能，最终成为超级 IP、顶级流量、盈利王者。

📢**课堂讨论：** 学习了打造主播 IP 的方法后，学生们试着推演为自己打造 IP 的过程和要点，并阐述在打造过程中需要注意的问题。

案例 主播场景化营销

场景定制是主播 IP 化中内容化的重要组成部分。场景化营销也可以理解为主播 IP 营销中的一种方式，即在一个特殊的场景下开展的一系列营销活动。随着直播电商的盛行，场景化营销被推到了巅峰，惊现各行各业的营销鬼才。刺激消费者快速下单，不买就会后悔一辈子的感觉。下面介绍四种目前最流行的场景化营销方式。

1. 源头场景营销

卖蜂蜜，不是坐在店里卖，而是去养蜂场，搭一个直播间，卖到全国。卖红木筷子，不是在店里卖，而是直接在红木加工厂卖，后面全部都是红木；卖鞋子，也不是在店里卖，而是直接在工厂生产流水线上，一边直播一边卖，如图 6-17 所示。这就是典型的场景化营销，在真实的产品生产源头环境，进行视频种草，然后再通过直播进行批量销售。

图 6-17 源头场景营销

2. 商品陈列场景营销

没有原产地，没有工厂这些资源怎么办？可以在主播的后面做产品陈列，像产品展销会，粉丝能看到很多正在卖的相关产品。这种也是典型的场景化营销，不过这种场景营销比起第一种源头的场景化营销，又稍微弱了一些。

图 6-18 所示为卖手表、卖电动车和汽车的主播，主播既漂亮又会说，既专业情商又高，这种直播形式几乎接近完美了。

3. 产品使用场景营销

这种场景是所有人都擅长、第一时间会想到，且都会使用的场景化营销方式。比如卖化妆品的，一边涂抹，一边卖；卖衣服的，一边试穿，一边卖；卖螺蛳粉的，一边吃，一边卖。

图 6-18　商品陈列场景营销

4. 虚拟背景场景营销

虚拟背景直播，后面的画面可以随时切换，可以是图片，也可以是视频，比如罗永浩的直播间，图 6-19 所示虽然看起来假假的，但是意境还是传递到位了，这种虚拟直播间还有一个优势，可以把产品的促销价格，产品的创始人，产品的各种信息，播放到主播的后面背景上。虚拟化直播间的扩展性极强，比如可以现场使用场景＋虚拟背景场景同步进行，如图 6-20 所示。

　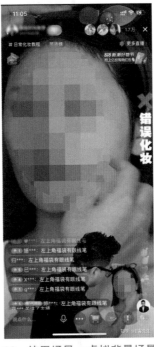

图 6-19　罗永浩直播间　　　图 6-20　使用场景＋虚拟背景场景同步

6.7 主播 IP 的变现方式

随着直播行业的日益成熟，无数人涌入直播市场，都想从直播这个"大蛋糕"中分得一份。但是，在这个"互联网+"时代，如何变现是永恒的话题，无论多么好的商业模式，如果不能变现，一切就都是空话。作为直播中的主播可以通过打赏、导购、承接广告和内容付费等方式实现变现。

6.7.1 打赏模式

粉丝在直播平台上充值购买礼物"打赏"给主播，直播平台再将礼物转化成虚拟币供主播提现，直播平台从中抽取佣金，这是主播最常见的变现方法。如果主播隶属于某个工会，则由工会和直播平台统一结算，主播获取的是工资和部分抽成。

主播获得打赏的基本能力有以下几种。第一种才艺类，包括唱歌、跳舞和颜值，凭借自身超高的颜值，再加上精彩的舞蹈表演，获得了无数粉丝的青睐，打赏自然也不会少。第二种垂类达人，包括游戏和钓鱼。拿钓鱼举例，平台上钓鱼直播间粉丝人数动辄就几万，而且打赏也非常高。这是因为主播满足了粉丝的猎奇心理，永远不知道下一次钓上来的是什么鱼，鱼的大小是多少。第三种是连麦 PK。连麦 PK 即两个主播约定礼物，PK 输了之后会有惩罚。通过主播对直播间中的粉丝的鼓动，使自己获得更多的礼物打赏。粉丝也为了让主播避免受到惩罚而纷纷打赏，如图 6-21 所示。

随着直播平台的升级和优化，礼物系统也更加多元化，从普通礼物到豪华礼物，再到能够影响主播排名的热门礼物、VIP 用户专属的守护礼物，以及当下流行的幸运礼物，如图 6-22 所示。无一例外都是为了进一步刺激用户充值，提升平台收益。

图 6-21　主播 PK 获得打赏

图 6-22　直播平台礼物多元化

6.7.2 导购模式

直播带货型主播一般会采取此种模式。一种是主播自己经营店铺，利用直播吸引人气，大家熟知的主播张大奕就打造出了自己年销售额上亿元的网红店。对于刚开直播没有自己店铺的主播，可以通过与商家合作专场，在一场直播中只为一个商家带货，获取佣金实现变现。主播可以在分销平台上查找商品的关键词，挑选佣金最高的产品进行带货。

作为知名的头部主播，商家需要向主播支付一笔额外的带货费用，也就是坑位费。主播在直播后再根据实际产生的销售额收取佣金。变现模式的费用就等于坑位费＋佣金。这种变现手段适合有稳定带货能力或者流量级别够高的主播，坑位费与主播能力成正比。比如 4 月 1 日某知名主播在抖音直播带货首秀，每件商品的坑位费就达到了 60 万元，坑位费整体收入就高达 1500 万元，如图 6-23 所示。

图 6-23　知名主播直播首秀

6.7.3　承接广告

当主播拥有一定的名气后，不少商家就会看中直播间的流量，委托主播对他们的产品进行宣传，主播收取一定的推广费用。这种广告的变现方式一般是主播直接与商家对接，平台不参与分成。当然平台也可在 App、直播间或者直播礼物中植入广告，按展示、点击和广告商结算费用，也是一种变现的形式。

由于需要主播直播间具有高曝光量，所以这种变现方式特别适合于垂类的头部主播，游戏以及教育引导下载类的商品转化效果会更好。

6.7.4　内容付费

目前，市场上的直播模式多种多样，一对一直播、私密直播、在线教育等付费模式的直播逐渐流行起来，如图 6-24 所示。付费模式对直播的私密性要求更高，粉丝通过购买门票、计时付费等方式进入直播间观看，如图 6-25 所示。能够吸引粉丝付费的直播一般内容质量较高，可以有效地留住粉丝，为平台和主播增加新的变现方式。

除了以上提到的变现方式外，游戏付费、企业宣传、联合举办活动和线下活动方式都是有效的变现方式。正是由于直播开发平台中多种多样的变现功能以及视频直播开发技术的稳步提升，才使得直播市场不断有新的主播加入。

图 6-24   主播承接广告直播

图 6-25   主播内容付费直播

6.8   本章小结

通过本章的学习，读者应理解 IP 的含义和定位，了解 IP 的产业链。并在掌握打造主播 IP 方法的前提下，熟悉主播 IP 的变现方式。未来，主播 IP 化将是必然趋势。在消费者都倾向于从直播电商渠道购买产品时，主播需要具备更专业的直播技能，才能为消费者带来更好的体验感、更大的价值，从而留住消费者，拥有更长久的生命力。

第7章　相关法律法规

中国互联网络信息中心 2020 年 4 月发布的《中国互联网络发展状况统计报告》显示，截至 2020 年 3 月，我国网络直播用户规模达 5.6 亿，较 2018 年增长 1.63 亿，占网民整体的 62%。其中，电商直播自 2019 年呈现爆发式增长，用户规模达 2.65 亿，占网民整体的 29.3%，为直播行业整体用户增长注入创新动力。

受疫情影响，2021 年线上经济场景活跃，电商直播、直播引流、直播吸粉种草等各类"直播带货"形态应运而生。数据显示，截至 3 月，直播用户规模已达 5.60 亿。其中，电商直播用户规模达到 2.65 亿。与此同时，其中暴露出的虚假宣传、售后服务不健全、消费者维权难等问题也颇受诟病，行业规范亟待加强。

本章将针对与直播经纪人和经纪机构相关的法律法规进行讲解，帮助读者快速掌握经纪合同的种类和经纪合同的法律问题。同时了解经纪人需要遵守的相关法律和经纪人管理办法以及国家对经纪机构的管理办法。

7.1　经纪合同的种类

经纪合同是指经纪人接受委托人的委托，以委托人的名义或以他自己的名义，为委托人办理委托事务，并按规定或约定收取报酬或其他费用，双方具有一定权利和义务关系的协议。

经纪合同是一种提供服务的经济合同，也是经纪活动中最常使用的一种合同形式。一般由委托人提出应完成的任务，由经纪人完成任务后应得到的劳务报酬即佣金作为酬劳。经纪合同是双务合同，即经纪人和委托人相互负有义务并且享有权利。

案例　主播经纪合同模板

主播经纪合同

编号　　　　字第　　　　号

合同编号：＿＿＿＿＿＿＿

本合约由以下双方签订：

甲方：＿＿＿＿＿＿＿＿＿＿＿＿＿＿＿＿＿＿＿＿＿＿＿＿

法定代表人：＿＿＿＿＿＿＿＿＿＿＿＿＿＿＿＿＿＿＿＿＿

地址：＿＿＿＿＿＿＿＿＿＿＿＿＿＿＿＿＿＿＿＿＿＿＿＿＿

乙方：＿＿＿＿＿＿＿＿＿＿＿＿＿＿＿＿＿＿＿＿＿＿＿＿＿

艺名 / 昵称：＿＿＿＿＿＿＿＿＿＿＿＿＿＿＿＿＿＿＿＿＿

身份证号码：＿＿＿＿＿＿＿＿＿＿＿＿＿＿＿＿＿＿＿＿＿＿

地址：＿＿＿＿＿＿＿＿＿＿＿＿＿＿＿＿＿＿＿＿＿＿＿＿＿

电话：＿＿＿＿＿＿＿＿＿＿＿＿＿＿＿＿＿＿＿＿＿＿＿＿＿

账户：＿＿＿＿＿＿＿＿＿＿＿＿＿＿＿＿＿＿＿＿＿＿＿＿＿

鉴于：

1. 甲方是一家依据中华人民共和国法律成立并持续经营的公司，具有专业、权威、丰富的经纪资源。

2. 乙方拥有良好的演艺才能或艺术天赋，有志于逐步提升演艺水平和知名度。

3. 现甲乙双方为了实现共同的目标，经友好协商达成本合约。

4. 为此，各方本着平等互利、诚实守信的原则，经友好协商，就共同进行甲方之经纪推广的各项合作事宜，签订如下合约。

定义解释：

直播平台：指互联网公司拥有或运营线上演艺平台，如腾讯 now 直播、陌陌、花椒、映客、斗鱼 TV、多玩 YY、熊猫 TV、虎牙 TV、Live 直播等网站及子网站、客户端 App 以及将来新注册、开发的与视频秀场业务有关的一些网站、应用等的总称。

一、合作内容

合作期间，甲方独家担任乙方互联网线上演艺事业的独家经纪公司，就乙方的线上演艺事业提供经纪代理服务，经纪代理的范围包括但不限于网络演艺、线上游戏代言等相关活动。

1.1 网络演艺：

甲方代理乙方在线网络演艺，包括但不限于互联网线上演艺的个人直播间互动演艺、众筹、线上演唱会、线上歌友会等现在以及未来可能出现的其他互联网产品及线上演艺形式，经纪合作期间，在遵循维护良好合作及有利于乙方演艺事业发展的基础上，甲方有权在合作范围内自主管理乙方在线上演艺平台的个人直播间互动演艺，积极进行企划宣传。

1.2 商务经纪：

甲方代理乙方商务经纪，如麦序广告、游戏代言、产品代言等甲方合理认为乙方应当接受的各类线上商务活动。甲方在代理乙方商务经纪时，需与乙方另行签订书面合约，乙方承诺不可将商务经纪权益授予给合约以外的第三方。

二、合作期限

1. 本合约合作期限为［三］年，即自［2021］年［X］月［X］日至［2024］年［X］月［X］日。

2. 本合约到期后，除非甲乙双方任何一方在终止前三个月内发出终止合约的书面通知，否则本合约自动续约三年。

三、直播约定

1. 乙方需在甲方指定的视频秀场平台进行网络直播演艺。

2. 乙方每自然月最低有效直播天数：_____天／月（一天直播有效时长 1 小时为一个有效直播天数）。

3. 乙方每自然月最低直播时长：_____小时／月。

4. 若乙方未能按时完成直播约定内的最低标准，甲方有权对乙方的直播收益所得进行扣减甚至解除合约，标准详见《主播管理条例》。

5. 如需对直播约定做出调整和修改，经甲乙双方友好协商，另行签订《经纪合约补充协议》即可，且以补充协议的约定条例为准则。

四、收益分配

1. 乙方每月可获得的合作费用为人民币_____元／月（大写：_____），甲方应每个月［X］日前向乙方支付上月合作费用（节假日顺延）。

2. 乙方每参加以下直播活动，即可获得合作费用的标准如下：除去平台主播礼物分成比例_____%。

3. 如乙方根据甲方的要求，参加了上述活动以外的直播行为，其可获得的合作费用标准将由甲乙双方以书面形式进一步确认。

4. 甲方应在上述每一项活动结束后的＿＿＿＿＿日内向乙方支付合作费用（节假日顺延）。

五、各方权利义务

1. 甲方有权独家在全国范围内为乙方接洽、安排、策划双方达成一致的线上演艺事务活动和工作。

2. 乙方可以享有甲方为其策划并安排的线上演出、包装等互联网产品宣传推广资源，乙方需遵从线上演艺平台对运营规则的相关约定。

3. 乙方有权拒绝色情、暴力、违规、违法、违反法律强制性规定及其他有损乙方人格、名誉和损害乙方身心健康的表演要求和工作，并有权要求赔偿。

4. 乙方保证于本合约签订时，并未与任何第三方存在经纪合约或有与本合约有冲突的约定；与甲方签订本合约后，未经甲方同意不得与其他第三方签订同类经纪或演艺合同。

5. 合约期间，未经甲方书面同意，乙方不得自行接洽或授权线上（互联网）第三方接洽安排任何与演艺事业相关的事项，不得做出任何有损于甲方合法权益的行为，如有第三方联系或邀请乙方参与线上演艺活动的，乙方应及时通知甲方，由甲方接洽演艺活动并签订合约，乙方不得私自与第三方洽谈或达成任何线上合约。

6. 乙方同意将甲方作为独家互联网演艺分享平台，乙方承诺在合作期内未经甲方同意不在甲方以外的互联网公司、公会或者家族等进行表演。

六、保密

6.1 甲乙双方同意，任何一方均不得对外透漏本合约和其他相关往来文件的内容，但为履行本合约约定义务所需进行的正当披露除外。

6.2 为履行本合约涉及的商业活动计划、策划方案以及其他商业信息均为保密信息。

6.3 本合约下保密义务在本合约终止后两年内仍有效。

七、违约责任

7.1 乙方有下列情形之一的，需要赔偿守约方的经济损失至少 24 个月综合收益（含薪资、礼物收益以及其他相关收益）的违约金。

1. 未经甲方同意，擅自在非甲方安排的平台和公会表演的；

2. 未经甲方同意，擅自接受线上第三方的邀请、组织从事表演等商业活动；

3. 未经甲方同意，擅自接受线上（互联网）第三方的商务经纪等活动；

4. 未经甲方同意，擅自接受线上（互联网）第三方的明星周边等代理；

5. 未经甲方同意，擅自与其他线上演艺平台有任何形式合作的；

6. 未经甲方同意，擅自与其他第三方签订同类经纪或演艺合同的；

7. 其他经甲方认定为构成违约的行为。

7.2 其他违约情形的，违约的一方应当向守约方赔偿经济损失。

八、争议解决

因本合约引起或与本合约有关的任何争议，双方应本着友好协商的原则协商解决，协商不成可向乙方所在地有管辖权的人民法院通过诉讼的方式解决。

本合约由双方代表签字盖章后生效，本合约一式两份，甲、乙双方各执一份，具有同等法律效力。未尽事宜，双方可以签订补充合约。

甲方：　　　　　　　　　　　　　乙方：

盖章：　　　　　　　　　　　　　盖章：

签字日期：　　　　　　　　　　　签字日期：

经纪合同是诺成性的合同，一经双方达成协议即可成立。经纪合同的形式，既可以是书面的，也可以是口头的。经纪合同一般可以分为委托合同、信托合同和居间合同三种类型，如图 7-1 所示。

图 7-1　经纪合同的分类

7.1.1　委托合同

委托合同又称代理合同，是指以受托人的名义，为委托人办理委托事务，由委托人负担办理委托事务所需的费用，并向受托人支付约定报酬的协议，如图 7-2 所示。

图 7-2　委托经纪活动

在现实经纪活动中常常会出现以下两种情形：一种情况，某一经纪人长期为某一客户提供中介服务，客户对该经纪人非常信任，客户委托该经纪人代表他参与经济活动，这就形成了客户与经纪人之间的委托代理关系。另一种情况，客户因客观原因自己不能进行某种经济活动，委托经纪人代替自己进行经济活动。这两种情况下，经纪人即委托代理人。经纪人同客户以此种代理关系为依据签订的合同就是委托合同，即代理合同。

委托合同的双方当事人既可以都是公民或法人，也可以一方是公民另一方是法人。公民必须具有完全民事行为能力。作为委托人的公民或法人对委托事务必须具有相应的权利能力，即只有委托人依法有权进行的事务才可以委托他人办理，否则委托合同无效。

根据我国法律，某些特定事务只能委托特定的受托人办理，比如只有证券经营机构才能承销公开发行的股票。

委托事务既可以是实施民事法律行为，如代订经济合同、代为加工产品、代购代销商品等；也可以进行诉讼或行政行为，如代为起诉、应诉、代理申请商标等；还可以是日常生产、生活中的某些具体事务，如委托开发技术、代为计算、统计和校对文章等。特别情况下，基于委托合同，委托人可以出具授权委托书，使受托人成为委托代理人。

委托合同的订立是以当事人之间相互信任为前提的。受托人在委托权限内，以委托人的名义办理委托事务，所需费用和产生的法律后果，均由委托人承担。委托合同一般是有偿性的，也可以是无偿的，视法律的规定和当事人之间的约定而定。

✎ **课堂讨论：** 受托人在处理事务的过程中，由于自己的过错造成委托人的损失，应当负赔偿责任。试分析，如果受托人在履行委托事务过程中发生意外，应由哪方承担？

7.1.2　信托合同

信托合同又叫行纪合同，是指信托人根据委托人的委托，以自己的名义，为委托人从事贸易活动，委托人支付报酬的合同。

在信托合同关系中，委托对方为自己从事贸易活动，并为此给付报酬的当事人为委托人；

接受委托为对方从事贸易活动，并为此获得报酬的当事人为信托人也叫行纪人或受托人，如图 7-3 所示。

图 7-3　信托经纪活动

常见的信托合同有：代销、代购或寄售合同，外贸代理合同，证券经纪合同，期货经纪合同和委托拍卖合同等。信托合同和委托合同一样，都是历史悠久的合同种类，但在我国信托合同的运用范围受到一定的限制。

信托合同的特征包括：

（1）信托人以自己的名义为委托人办理委托事务。这是信托合同与委托合同的主要区别。根据信托合同，信托人在办理委托事务时，直接以自己的名义，与第三人发生权利、义务关系，由此产生的法律后果由信托人自行承担。因而委托人与第三人之间不存在直接的法律关系，委托人不对第三人直接享有权利或承担义务，对第三人也不直接承担责任。

（2）信托人为委托人购买的物品、出售委托人交给出售或寄售的物品的价款，均属于委托人所有。信托人应按约定的时间将其交给委托人，其风险也由委托人承担。

（3）信托合同的信托人必须是以从事信托活动为营业的主体，即经过工商登记，取得营业执照，以从事信托活动为营业业务的法人、自然人或其他经济组织。

（4）信托合同是有偿合同。这是由于信托人所办理的信托业务都是营业性的业务。信托合同是信托人以自己的名义为委托人从事贸易活动，委托人支付报酬的合同。信托人为委托人从事贸易活动，须从委托人那里取得报酬；委托人也必须为信托人的服务提供报酬。

（5）信托合同是诺成合同。在订立信托合同时，双方当事人意思表明一致，信托合同即成立，无须以物的交付或者其他给付行为作为成立要件。

课堂讨论：　信托人应按委托人的要求办理信托事务，信托人如果想变更委托人的要求，应以保障委托人的利益为前提。试分析，在什么条件下，信托人可以变更委托人要求。

7.1.3　居间合同

居间合同又称中介合同或中介服务合同，指当事人双方约定一方接受他方的委托，并按照他方的指示要求，为他方提供订立合同的机会或者充当为订约媒介服务，委托人支付报酬的合同，如图 7-4 所示。

在居间合同中，接受委托报告订立合同机会或者提供交易媒介的一方为居间人，支付报酬的一方为委托人。

居间合同适用范围很广泛。居间人一般都是熟悉某项业务、信息灵通、了解行情的人、居间人可以是公民个人，也可以是法人，他们通过为委托人牵线搭桥，介绍第三人与委托人订立商品买卖、房屋租赁、加工承揽、技术转让和图书出版等各种合同，沟通某些商品和服务的渠道，促使供需双方及早见面。

随着经济的快速发展，居间人越来越专业化，由此产生专业居间人，如房屋居间人、技术居间人等。居间人对社会经济活动的便利和繁荣起到了积极的作用。

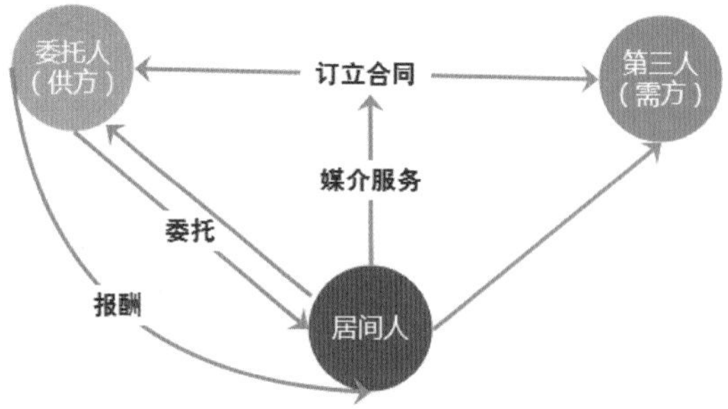

图 7-4　居间经纪活动

居间合同特征包括：

（1）居间合同的标的是居间人按照委托人的要求，物色并介绍第三人与委托人订立合同的行为。对于委托人与第三人之间的合同，居间人并不介入。居间人不是该合同的一方当事人，也不是任何一方当事人的代理人，只是协助合同签订的人，即通常所说的介绍人。

（2）在居间活动中，居间人在合同中处于介绍人地位。

（3）居间合同都是有偿的。但只有居间活动获得成功时，即委托人与第三方订立合同后，居间人才能取得规定或约定的报酬。

（4）居间合同具有诺成性。诺成性是指委托人与居间人意思表示一致，居间人就负有依委托人的指示进行居间义务，而一旦居间人的活动取得结果，委托人就应支付报酬，合同即成立，而无须以实物的交付作为合同成立的要件。

（5）居间合同具有不要式性，这是指当事人可以采用口头或者书面形式，居间合同的成立也需要采用特定的形式。如果约定不确定，应当遵序交易管理。

委托合同、信托合同和居间合同的共同点在于，它们都是通过他人和第三人发生合同关系。委托合同属于服务性合同，服务合同包括保管、行纪、居间、委托等很多种类的合同，它们之间有着一个共同的特征，其标的是提供劳务，而不是物的交付。

委托合同、信托合同和居间合同的不相同之处表现在以下三点。

（1）委托合同的受理人办理委托事务时，以委托人的指示参与并可决定委托人与第三人之间的关系内容，处理事务的后果直接归于委托人；信托合同的信托人是信托合同的一方当事人，信托人以自己的名义为委托人办理交易事务，与第三人发生直接的权利义务关系，处理事务的后果是间接地而不是直接地归于委托人；居间合同的居间人，限于报告订约机会或媒介订约，其服务的范围有限制，只是介绍或协助委托人与第三人订立合同，居间人并不参与委托人与第三人之间的合同。

（2）委托合同的受托人是按委托人的要求处理受托事务，处理的事务可以是有法律意义的事务，也可以是非法律意义的事务；信托合同的信托人则是按委托人的要求，从事购销、寄售等法定的法律行为，信托人受托的事务只能是法律行为；居间合同的居间人，是为委托人提供与第三人订立合同的机会，其行为本身不具有法律意义。

（3）委托合同可以是有偿的也可以是无偿的；信托合同都是有偿合同，信托人仅仅从委托人一方取得报酬；居间合同也是有偿合同，但居间人只能在有居间结果时才可以请求报酬，并且在为订约媒介居间是可以从委托人和其相对人双方取得报酬。

7.2　经纪合同的法律问题

随着直播经济的兴起，经纪人为主播提供的经纪服务越来越多，比如为主播提供培训、录制场地和粉丝增长等服务。为了避免好不容易培养出来的主播被其他经纪人或经纪机构"挖走"，经纪人或经纪机构都会要求与合作主播签订一份合同，约定相应的期限、直播时长等权利义务，在主播违约定时由主播向运营公司支付违约金，称之为主播合同。

经纪人与主播签订的合同名称繁杂，有些签的是《主播聘用合同》，有的是《主播合作协议》，有的称为《项目合作合同》，有的直接称为《合作协议》，还有的签订《主播劳动合同》《带货主播协议》，甚至还有《电商运营合同》等，并且有些合同的内容与名称明显不相符，容易在履行中产生纠纷与矛盾。尽管有些合同的内容与名称相符，但同样也有发生争议诉至法院的情形。除了主播跳槽、运营公司抢人等原因发生违约导致纠纷的以外，更多的原因是双方或一方对签订合同的时候对合同的性质不清楚。

一般说来，主播经纪合同主要包括经纪人享有对网络主播的独家经纪权，负责主播人员在不同直播平台上的所有直播活动，全权代表主播对外进行洽谈、安排并策划直播带货活动和通过经纪报酬或抽成的方式获取收益等内容。

目前围绕主播经纪合同解约纠纷，核心焦点在于主播经纪合同的性质认定以及解除权的行使。

7.2.1　主播经纪合同性质

一种观点认为，主播经纪合同是艺人与经纪人之间的双务有偿委托合同，具备人身依附性质，主播通过合约形式概括性地有偿委托经纪人处理对外事务，经纪人依据其行业资源、影响力及运作经验，接受主播委托，代为处理相关直播事务，因此双方是委托关系。

另一种观点认为，主播经纪合同具有委托合同、劳动合同、行纪合同和居间合同等特征，属于综合性的合同，并非单纯的委托合同，因此，主播不当然享有委托合同规定的任意解除权，如果双方丧失信任，那么就已经失去继续履行合同的基础和条件，可判定合同自判决生效之日起解除，酌情确定赔偿数额。

根据《合同法》第一百一十三条的规定，"被告的赔偿损失额相当于因其违约而造成的损失，包括合同履行后可以获得的合理利益"。具体确定赔偿数额时，应从平衡原被告双方利益的角度出发。

综合已有司法判例，认定主播经纪合同系单纯的委托合同的情形较少，大部分观点认为主播经纪合同既非代理性质也非行纪性质，是综合性合同，应该根据协议所使用的词句、目的、交易习惯以及公平、诚信原则综合判断合同的内容和性质，合同无小事，缔约时得字斟句酌，交由专业人士审核。

7.2.2　解约的路径选择

1. 解除合同之诉

依据《合同法》第九十四条第四项的规定"当事人一方迟延履行债务或者有其他违约行为致使不能实现合同目的"，守约方可行使单方解除权。

主播在不满经纪人的操作，成长过慢或成长较快，想自立门户时，往往希望单方面解除合同，脱离卖身契的束缚。但《主播经纪合同》系双方真实意思表示，并非单纯的委托合同，在不违反法律、行政法规的强制性规定时，对双方具有法律约束力，不得擅自变更或解除，尤其在经纪人无明显过错和违约行为的情形下，单方提出解约，违反诚信义务，需要承担违约的全部责任。

2. 合同无效之诉

1）合同自始无效

根据我国《合同法》第五十二条的规定，"一方以欺诈、胁迫的手段订立合同、损害国家利益；恶意串通、损害国家、集体或者第三人利益；以合法形式掩盖非法目的；损害社会公共利益；违反法律、行政法规的强制性规定的"合同无效。

如果主播及经纪人一方存在如上情形，可主张合同自始无效。

2）撤销后变无效

根据我国《合同法》第五十四条的规定，"显失公平"属于一方可申请法院变更或撤销的合同，但《合同法》同时也规定了撤销权消灭的除斥期间，那就是"具有撤销权的当事人应自知道或应当知道撤销事由之日起 1 年内行使撤销权"，否则撤销权灭失，主播在签订合同之时往往就知道合同某些条款存在显失公平情形，但受缔约能力有限，也只能默认霸王条款的出现，1 年内也往往不会行使撤销权，因此此类条款成为主播经纪合同中的定时炸弹。

综上，主播有"合同无效之诉"和"解除合同之诉"两种解约路径，提起合同无效之诉讼，若败诉，仍可提起解除合同之诉；若直接提起解除合同之诉，主播可能面临两种不利判决：其一、判决不得解除合同，继续履行合同；其二、判决可以解除合同，但由于主播单方提出解除合同，须赔偿因解除合同给经纪人带来的损失，或者按合同的约定支付巨额赔偿。

可见，确认合同无效之诉优于解除合同之诉。主播经纪合同的最大特点是主播的违约责任严格、合同期限较长、收益比例不公平，甚至被比喻为"卖身契"。

经纪人与主播往往会经历一个"一见钟情""互相猜疑""不欢而散"的恶性循环，虽然合久必分，分久必合是大规律，但主播与经纪人仍需彼此尊重，和谐相处，千里马与伯乐虽难成为俞伯牙与钟子期，但仍可选择合适的方式进行软着陆，演艺合同签订之初对于条款的合理设计或许就是路径之一。

7.2.3　主播合同是一种综合性合同

（1）委托？行纪？居间？劳动？主播经纪合同到底是什么合同？

在判决书被公开的主播经纪合同纠纷案件中，大部分主播都主张其与经纪人或经纪公司间的合同为委托合同。这主要是因为，根据我国《合同法》第四百一十条的规定，"委托人或者受托人可以随时解除委托合同"。也就是说，如果主播与经纪人间的合同被认定为是委托合同，主播作为委托人就可以非常简单地单方面解除合同。

法院曾在判决中指出，"若允许主播行使单方解除权，将使经纪人或经纪公司在此类合同的履行中处于不对等的合同地位，而且也违背诚实信用的基本原则，同时会鼓励成名主播为了追求高额收入而恶意解除合同，不利于直播行业的整体运营秩序的建立，因此在主播合同中单方解除权应当予以合理限制"。

由上述案例可知，主播希望以委托人的身份单方解除主播经纪合同基本上是不可行的。当然，出现合同中约定的单方解除事由或存在其他法定解除事由时，主播还是可以行使单方解除权的。

案例　主播单方面违约纠纷

广州中院审理的一起案件中，一网络知名游戏主播与虎牙直播平台签署直播协议，活跃于虎牙直播平台，因为经常直播热门游戏《王者荣耀》吸引了不少人气。2017 年 8 月，虎牙直播发布该主播违约声明，称其在未与虎牙直播沟通的情况下，单方面宣布离开虎牙，并在其他平台进行了直播，构成单方面违约。不久前，广州中院对该案二审判决，认为其违约行为恶意明显，判决该主播向虎牙公司支付违约金 4900 万元。

女子张某 1997 年出生，安徽郎溪人。北京某公司与张某签订合同，约定由北京某公司全权代理张某涉及互联网相关的演艺活动，张某只能在公司指定的第三方平台进行相关演艺活动。合同签订后，该公司指定张某在某直播平台进行网络直播。但之后张某未经该公司同意，在其他直播平台进行直播。宣城中院判决，张某支付违约金 6 万元。

（2）无法单方解除，那么一定要继续履行吗？

由于主播经纪合同一般具有人身依附性质，当一方已有很强的解约意愿时，勉强维持合作关系并不利于双方的发展。所以在此类纠纷中，法院一般也不会支持经纪人要求继续履行合同的请求。例如，在贾某与经纪公司其他合同纠纷再审案中，虽然主播贾某不享有单方解除权，法院还是以"继续履行合同显然对双方均无益处"为由判决合同解除。

（3）一定要支付巨额的违约金吗？

在各种解约的新闻中，最受关注的应该就是主播到底支付了多少违约金"买回"自由。为了避免主播走红后就转投新公司，一般的主播经纪合同中都会约定一个相对较高的违约金金额，意在增加主播违约的成本。

但是，并不是所有合同中约定的违约金都能够得到支持的。根据《合同法》的规定，当约定的违约金低于或过分高于造成的损失的，当事人可以请求人民法院或者仲裁机构予以适当增加或减少。

案例 签约女主播，半年就跳槽

合肥市某文化传媒有限公司与 21 岁的女子小欣（化名）签订《艺人签约合同》，约定小欣成为该娱乐公司独家签约的直播艺人，双方合作期共计 3 年。

在合作期间，娱乐公司为小欣的直播提供物质条件支持，对小欣及小欣的工作成果进行推广、宣传。双方约定，违约金为 300 万元。

协议签订后，娱乐公司以借用其他账号为小欣打赏制造人气等方式进行推广。小欣以该娱乐公司签约主播的名义在虎牙直播平台进行娱乐直播。

然而，2018 年 5 月 8 日，小欣有了新想法，向该娱乐公司提出强制解约申请。小欣与其他娱乐公司签约，并以其他公司签约主播的名义继续在虎牙直播平台直播。双方因此发生了纠纷。该娱乐公司认为小欣的行为给公司造成巨大损失，因此向合肥瑶海区法院起诉，请求判令解除双方的合同；判令小欣赔偿各项经济损失 400 万元，包含违约金、合作费用等。

法院审理认为，双方签订的合同是真实意思表示，应认定为有效。法院认为，小欣是该娱乐公司的核心主播，其不履行直播义务，到其他公司平台直播，必然导致原娱乐公司平台用户流失，访问流量降低，不仅使娱乐公司的付出化为泡影，而且直接影响其公司的收益和价值，发生损失显而易见。

双方合同尚剩余期限两年 5 个月，随着小欣直播时间的增加，在受众人群的知名度提高，其直播收益也会随之增加，给娱乐公司造成的预期利益损失也远远高于约定的违约金数额。法院认为，小欣在娱乐公司对其宣传推广后，为了获取更高的个人利益，无视合同约定擅自违约，主观恶意明显。

合肥中院终审判决，解除双方合同；小欣返还娱乐公司直播设备；小欣支付娱乐公司违约金 300 万元。

由以上案例可见，法院最终确定违约金的数额，受到双方履约情况、违约行为发生的时间点、经纪公司的投入、艺人的收入情况等多项因素的影响。

7.2.4 主播经纪合同涉及的法律问题

1. 主播经纪合同的性质

根据我国《经纪人管理办法》第二条的规定，经纪人是指在经济活动中，以收取佣金为目的，为促成他人交易而从事居间、行纪或者代理等经纪业务的自然人、法人和其他经济组织。可见，经纪人从事的业务并非单一，可能是委托，可能是行纪，也可能是居间。但有一点是不变的，这就是经纪人的中间地位。

2. 主播经纪合同的期限

国内经纪公司的签约年限一般为 3 ~ 5 年，新主播签约的时候要加入 1 ~ 3 个月的试用期或者 6 个月关联业绩的限制性条款。

经纪公司对于主播的培训的确是一种大投资，尤其是培训这种完全没有名气的主播必须完全靠经纪公司来包装、推介，因此投资相当大，但是主播红了就跳槽的现象也让经纪公司承担了巨大的培训风险，一旦最出色的几个红了单飞，经纪公司岂不是为他人作嫁衣裳，因此就产生了这种长期捆绑的补偿机制。

3. 主播经纪合同的无效和可撤销

主播经纪合同生效的三个要件：主播经纪合同的主体具有相应的民事行为能力、内容不违反法律和社会公共利益以及意思表示真实。

在实践中主播请求人民法院或仲裁机构确认主播经纪合同无效的主要理由在于《合同法》第五十二条规定的第五种情形，即"违反法律、行政法规的强制性规定"。

请求认定主播经纪合同无效对主播来说是摆脱演艺经纪公司束缚的有效方式。但是由于合同的无效将致使合同双方恢复到签约以前的状态，对合同双方的损害极大，故目前在我国司法实践中，出于减少不必要的经济成本的浪费，维护交易安全，促进社会和谐等因素的考虑，对因合同内容违反法律、行政法规强制性规定而被判定合同无效的情形控制得十分严格。

我国《合同法》赋予了合同当事人请求变更或者撤销合同的权利。结合我国主播经纪行业的实际情况，目前我国主播大多是以我国《合同法》第五十四条第二款规定的情形，即以"在订立合同时显失公平"为由来请求人民法院或者仲裁机构撤销主播经纪合同的。但在实践中，由于我国《合同法》没有对"显失公平"四字做出详细的界定和阐述，使得在具体主播经纪合同纠纷案中，当事人和审判机关对此有很大争议。

4. 主播经纪合同的解除

虽然通过主张合同无效或者申请撤销合同可以使主播避免承担违约责任支付巨额违约金，但是，符合法律规定无效或撤销要件的主播经纪合同纠纷案件并不多见。由于司法机关本着竭力维护合同稳定性从而维护交易安全的原则，故最终能被人民法院或仲裁机构确认无效或予以撤销的主播经纪合同案例相当少，所以在实践中，主播经纪合同纠纷大多数还是通过解除合同来得到解决的。

由于主播与经纪公司相比处于弱势地位，当出现主播经纪合同纠纷时大多是被动签约的主播就主播经纪合同提出解约要求。

7.2.5 对主播的对策和建议

根据我国《合同法》第九十三条的规定，当事人协商一致，可以解除合同。当事人可以约定一方解除合同的条件。解除合同的条件成就时，解除权人可以解除合同。

若在主播经纪合同中事先约定解除合同的条件，当这种条件满足时主播就可以提出解约。以此为由解约，对主播而言通常不必承担任何违约责任。通过这种方式，主播与经纪人或经纪公司之间的纠纷比较容易得到解决。

可以考虑在主播经纪合同中预先约定一些更加明确具体，缺少争议，操作性更强的解除条件，例如：经纪公司在半年内给主播接洽的主播带货收入低于××万元时，主播有权解除经纪合同；或者，经纪公司保证签约之日起××个月内为主播举办带货专场不少于×场，否则主播有权解除经纪合同；等等。上述规定对于处于相对优势地位的经纪公司来说是一种责任与义务的设定，而对主播来讲则是多了一层法律保护。主播在约定的解约条件成就时就可以主张解除主播经纪合同，从而终结与经纪公司的法律关系，避免被经纪公司"雪藏"。

7.2.6　对经纪公司的对策和建议

1. 通过非工资形式发放生活补助

新主播在起初培训阶段，直播收益并不能保障其消费水准，这时为了安抚主播，经纪公司会发放生活保障金或者生活补贴。之所以是以生活保障金或者生活补贴等非工资形式支付成员，是为了体现合约的性质，并非劳动雇佣关系，仅仅只是主播委托经纪公司对其进行培训并代理其完成各种商业活动的委托关系。这对于公司的好处就是，一旦主播解约，这一条就为经纪公司要求主播返还生活补助、包装费、培训费等诸如此类的费用奠定了法律基础——因为工资是以劳动合同为基础的，也没有返还一说。

2. 经纪公司要守住权利

经纪合约明确规定主播所有直播活动的成果的全部所有权、著作权、著作邻接权、肖像权和商标权全部属于公司。如约定成名歌的词曲著作权条款。即经纪公司在捧红一名才艺主播前，通过《著作权转让合同》获得词或曲的著作权，就可以控制这首歌曲的使用。这样成员在考虑跳槽时就更多了一项对未来发展的担忧。

3. 握住艺名和直播间账号

虽然艺名不能作为作品受到著作权法保护，但艺名是带有品牌性质的，对于主播来说具有广泛知名度的艺名是很重要的。因此经纪合约对使用艺名做出明确约定，如在双方解约后，主播不得再以原合同中或合同期限内使用过的艺名、组合名进行直播，这样也可以在一定程度上减少主播解约的可能性。

另外直播账号经过经纪公司的投入和运营，其粉丝数量和流量具有相当的经济价值，为了避免主播出走的同时失去对直播账号的控制权，经纪公司应在最初直播时让主播使用以公司名义注册的直播账号或者在经纪合同中明确规定直播账号的归属权，增加主播解约的顾虑。

案例　**直播账号的归属纠纷**

2019 年 11 月 27 日，A 公司与孙某签订《传媒艺人合同》约定，自 2019 年 11 月 27 日至 2020 年 11 月 27 日止，孙某即为 A 公司的签约主播。合同结束时，主播若不愿意继续续签，需要以市场价格的三倍购买账号（即孙某于 2017 年在抖音平台注册的账号）；合同尚未结束，若主播主动要求结束合作或者不服从公司安排的，需以个人近五个月的流水收益，最高当月收益的一百倍进行赔偿。

合同签订后，A 公司与孙某因运营管理、利益分配等问题发生争议，公司遂起诉要求解除与孙冬冬的《传媒艺人合同》，并主张孙某返还抖音账号的所有权并支付相应的违约金。

蚌埠市蚌山区人民法院经审理认为：

经查，北京字节跳动科技公司关于抖音账号注册的《"抖音"用户服务协议》中明确规定，用户在"抖音"中注册账号仅限于用户本人使用，未经北京字节跳动科技公司书面同意，禁止以任何形式赠予、借用、出租、转让、售卖或以其他方式许可他人使用该账号。该注册协议明确规定抖音账号所有权归属北京字节跳动科技公司，用户仅有使用权。A 公司作为经营互联网文化及网上表演直播等业务的商事主体，应当知晓抖音账号的注册及使用规则，因此，本院对 A 公司要求将抖音账号返还归其所有的诉讼请求难以支持。

A公司确为孙某的短视频拍摄及抖音账号的运营投入了相应成本，且从抖音账号的粉丝增长情况来看，可以认定A公司对于孙冬冬的短视频事业的发展起到了培养、推广作用。而从孙某与公司负责人胡某的微信聊天记录中可以看出，孙某在与A公司签约期间，存在不服从公司安排的相关违约情形，其对双方合同的解除存在过错。本院以合同实际履行情况作为考量依据，结合期限与商业风险、当事人的自身情况、当事人的过错程度、预期利益等综合因素，根据公平原则和诚实信用原则，调整确定孙某承担违约金30000元。

7.3　经纪人应遵守的相关法律

网络空间不是法外之地，随着带货直播商业模式的盛行，消费者权益保护的主体责任不仅仅是传统的生产厂家、销售企业，还包括带货主播及其经纪公司。在销售商品的数量、消费者分布的地域等方面的影响力，直播带货系传统销售模式的几何倍数，带货主播及其经纪公司更应该严格落实主体责任，对消费者权益保护等负有更高的责任。带货主播及经纪人要遵守的相关法律法规有《消费者权益保护法》《反不正当竞争法》《广告法》和《电子商务法》，相关法律法规如表7-1所示。

表7-1　带货主播及经纪人要遵守的相关法律法规

名　　称	条　　款	具体规定	责任主体
消费者权益保护法	第二十条	经营者向消费者提供有关商品或者服务的质量、性能、用途、有效期限等信息，应当真实、全面，不得作引人误解的虚假宣传	经营者
	第五十五条	经营者提供商品或者服务有欺诈行为的，应当按照消费者的要求增加赔偿其受到的损失，增加赔偿的金额为消费者购买商品的价款或者接受服务的费用的3倍；增加赔偿的金额不足500元的，为500元	
反不正当竞争法	第八条第一款	经营者不得对其商品的性能、功能、质量、销售状况、用户评价、曾获荣耀等作虚假或者引人误解的商业宣传，欺骗、误导消费者	
	第二十条	经营者违反本法第八条规定对其商品做虚假或者引人误解的商业宣传，或者通过组织虚假交易等方式帮助其他经营者进行虚假或者引人误解的商业宣传的，由监督检查部门责令停止违法行为，处二十万元以上一百万元以下的罚款；情节严重的，处一百万元以上二百万元以下的罚款，可以吊销营业执照。经营者违反本法第八条规定，属于发布虚假广告的，依照《中华人民共和国广告法》的规定处罚	
广告法	第二十八条	广告以虚假或者引人误解的内容欺骗、误导消费者的，构成虚假广告	广告主
	第五十五条	发布虚假广告的，由市场监督管理部门责令停止发布广告，责令广告主在相应范围内消除影响，处广告费用三倍以上五倍以下的罚款，广告费用无法计算或者明显偏低的，处二十万元以上一百万元以下的罚款	

续表

名　称	条　款	具　体　规　定	责任主体
广告法	第五十六条第二款、第三款	关系消费者生命健康的商品或者服务的虚假广告，造成消费者损害的，其广告经营者、广告发布者、广告代言人应当与广告主承担连带责任。前款规定以外的商品或者服务的虚假广告，造成消费者损害的，其广告经营者、广告发布者、广告代言人，明知或者应知广告虚假仍设计、制作、代理、发布或者作推荐、证明的，应当与广告主承担连带责任	广告主、广告经营者、广告发布者、广告代言人
电子商务法	第十七条	电子商务经营者应当全面、真实、准确、及时地披露商品或者服务信息，保障消费者的知情权和选择权。电子商务经营者不得以虚构交易、编造用户评价等方式进行虚假或者引人误解的商业宣传，欺骗、误导消费者	电子商务经营者
	第三十八条	电子商务平台经营者知道或者应当知道平台内经营者销售的商品或者提供的服务不符合保障人身、财产安全的要求，或其他侵害消费者合法权益行为，未采取必要措施的，依法与该平台内经营者承担连带责任。对关系消费者生命健康的商品或者服务，电子商务平台经营者对平台内经营者的资质资格未尽到审核义务，或者对消费者未尽到安全保障义务，造成消费者损害的，依法承担相应的责任	

结合上述规定，经营者在进行电商直播时对商品的介绍应当基于商品的真实情况，全面如实介绍商品质量、性能、用途等属性，不得作虚假或引人误解的宣传欺骗误导消费者，否则相关责任主体将承担相应法律责任。

关于经营者、广告主和电子商务经营者等主体的定义如表 7-2 所示。

表 7-2　经营者、广告主和电子商务经营者等主体的定义

主　体	定　义
经营者	为消费者提供其生产、销售的商品或者提供服务的自然人、法人和非法人组织
广告主	为推销商品或者服务，自行或者委托他人设计、制作、发布广告的自然人、法人或者其他组织
广告经营者	接受委托提供广告设计、制作、代理服务的自然人、法人或者其他组织
广告发布者	为广告主或者广告主委托的广告经营者发布广告的自然人、法人或者其他组织
广告代言人	广告主以外的，在广告中以自己的名义或者形象对商品、服务作推荐、证明的自然人、法人或者其他组织
电子商务经营者	通过互联网等信息网络从事销售商品或者提供服务的经营活动的自然人、法人和非法人组织，包括电子商务平台经营者、平台内经营者以及通过自建网站、其他网络经营者服务销售商品或者提供服务的电子商务经营者

根据不同的情况，例如产品自产自销、主播作为广告公司员工、广告工作室老板等情况，主播可能落入上述主体定义范围中从而承担相应的法律责任。实际情况中，由于直播观看人数和成交数据的直观性，主播的收入往往直接与销售额和成交量挂钩，而相比于传统的广告代言人，将会在既定的广告词外对商品做更为深入细致的介绍和宣传，往往还会进行现场体验展示，在商品宣传介绍时较传统广告代言人存在更高的道德风险。因此，是否构成或明知虚假宣传或引人误解的宣传需要基于主播对宣传的方式、与商家的合作模式、直播时的具体内容等要素具体分析判断。

对于直播平台而言，《电子商务法》规定电子商务平台在电商直播中也应尽监督管理责任，如直播平台为了获取流量，放任主播的违法宣传推广行为，未尽规范和管理职责，将可能与经营者一同承担责任。

如果涉及商品的质量问题，根据《中华人民共和国产品质量法》的相关规定，生产者、销售者是法定承担产品质量责任的主体。电商直播的主播和直播平台如并非为生产者或销售者，则不予承担产品质量责任。

此外，网络传播主体在纠纷协商、解决过程中也应增强主体意识，把握必要限度，不得侵犯他人隐私和名誉。打造更加健康、有序、清朗的网络环境是每一个网络主体应尽的义务。

✎ **课堂讨论：** 经纪人在从事直播带货经纪活动时，要严格遵守国家相关法律法规，试阐述在选择产品时需要注意哪些问题。

案例 直播带货产品质量低劣引起的经纪公司诉网络主播解约纠纷案件

A公司与崔某签订《网红主播合作协议》，约定由A公司为崔某已注册的抖音账号提供直播指导、培训，引入商业渠道供乙方做直播卖货，并以乙方抖音账号直播获得的音浪、小黄车广告费、直播卖货佣金按比例分成。其后，崔某按照A公司的安排进行直播带货，但其收到大量粉丝的反馈称商品质量存在严重问题。A公司多次指示崔某按照"剧本"介绍商品，使消费者相信商品价格折扣力度"前所未有"或商品质量"特别优秀"，同时，通过"刷单"的方式虚增销量，"包装"销售成绩。

鉴于出现大量投诉，崔某拒绝继续接受A公司的安排进行直播带货，且发布视频称A公司存在欺骗行为，在直播中多次提及双方纠纷。

随后，A公司向园区法院起诉，按照合同约定崔某理应服从A公司的安排完成工作任务，但其明确拒绝继续直播带货，导致A公司合同目的无法实现，故要求解除《网红主播合作协议》并要求崔某按照合同约定支付违约金50万元、返还已经获得的直播收入16万余元。另，崔某在网络平台上发布视频侵犯A公司商誉，故要求崔某删除视频。

崔某辩称，A公司要求直播带货的产品质量不佳，导致粉丝大量投诉，继续按照A公司安排直播带货会侵犯消费者权益并损害崔某直播账号的价值，所以才拒绝继续直播，同意解除合同，但不同意支付原告诉请要求的违约金及返还收入。关于A公司诉请要求删除视频，崔某称其起诉后已经删除该视频。

法院审理后认为，本案中，根据双方签订的《网红主播合作协议》，A公司负责联系直播带货的商家，但其并未严格审查带货商品的质量，要求崔某按照设定的剧本内容虚假宣传质量不合格的产品，造成大量的消费者退货或差评，对于消费者权益保护造成了恶劣影响，如崔某继续直播销售质量不合格产品，可能造成更加严重的法律后果，A公司与崔某均可能承担相应的法律责任，故崔某拒绝直播系其为履行其法定义务的结果，不应认定为违约行为，不应向A公司赔偿违约金、返还收益。

崔某发布视频称被A公司欺骗并在直播中寻求粉丝支持的行为亦应持否定性评价，崔某作为网络主播，应该增强主体责任意识，在与 A 公司发生纠纷的情况下，不宜通过网络直播、发布网络视频的方式发布明显带有个人倾向的观点，该行为存在较大的侵犯他人隐私、名誉的法律风险，更不应鼓励此种企图利用社会舆论达到个人目的的行为。

法院判决 A 公司与崔某的《网红主播合作协议》解除，驳回了 A 公司的其他诉讼请求。一审宣判后，崔某和 A 公司均未上诉。

7.4　经纪人管理办法

随着网络直播的日益成熟，我国相关部门不断推出和完善相关法律法规，加强演出经纪人员队伍建设和管理，规范演出经纪行为，促进演出市场繁荣健康有序发展。

2021 年 11 月 18 日，文化和旅游部对 2012 年版《演出经纪人员管理办法》进行了修订，发布关于《演出经纪人员管理办法（征求意见稿）》公开征求意见的公告，向社会公开征求意见。

《演出经纪人员管理办法》是为规范演艺经纪活动行为，促进经纪人职业素养与职业道德建设，保障演艺经纪活动当事人的合法权益而制定的法规，法规全文如下。

演出经纪人员管理办法
（征求意见稿）

第一章　总　则

第一条　为加强演出经纪人员队伍建设和管理，明确演出经纪人员的权利和义务，规范演出经纪行为，促进演出市场繁荣健康有序发展，根据《营业性演出管理条例》《营业性演出管理条例实施细则》和国家职业资格有关规定，制定本办法。

第二条　国家对演出经纪人员实行职业资格认定制度。在中华人民共和国境内从事演出经纪活动的人员，应当通过演出经纪人员资格认定考试，取得演出经纪人员资格证，持证上岗。

第三条　本办法所称演出经纪人员，是指个体演出经纪人和演出经纪机构中的专职演出经纪人员。

第四条　本办法所称演出经纪活动，包括演出组织、制作、营销，演出居间、代理、行纪，演员签约、推广、代理等活动。个体演出经纪人执业范围仅限于演出居间、代理活动。

第五条　文化和旅游部对全国演出经纪人员的资格认定、从业活动实施监督管理。各级文化和旅游行政部门对本行政区域内演出经纪人员的从业活动实施监督管理。

第六条　演出经纪机构等用人单位应当加强管理和培训，提升演出经纪人员的综合素质和专业能力。

第七条　演出经纪人员应当自觉践行社会主义核心价值观，不断提高思想品德修养和职业水平，自觉维护演出行业形象。

第八条　演出行业组织应当依法维护演出经纪人合法权益，加强行业自律。

第二章　资格认定

第九条　国家实行全国统一的演出经纪人员资格认定考试制度，原则上每年举行一次。

文化和旅游部负责拟定考试大纲、考试科目、考试试题，组织实施考试，并确定考试合格标准。各地文化和旅游行政部门负责保障本辖区考试工作的有序实施。

第十条　具有中华人民共和国国籍，年满 18 周岁，遵守国家法律法规，具有高级中学、中等专业学校以上学历，具有完全民事行为能力的自然人，可报名参加全国演出经纪人员资格认定考试。

第十一条　有下列情形之一的，不得参加全国演出经纪人员资格认定考试：

（一）因违反考试纪律、扰乱考试秩序等原因被取消考试资格未满 2 年的；

（二）因违反本办法第十七条，或以不正当手段取得演出经纪人员资格证，被撤销演出经纪人员资格未满 5 年的；

（三）受过刑事处罚的（过失犯罪的除外）。

第十二条　文化和旅游部于全国演出经纪人员资格认定考试结束后 20 个工作日内公布合格分数线。

第十三条　演出经纪人员资格证由文化和旅游部核发，全国统一样式，统一编号。

第十四条　文化和旅游部在全国文化市场技术监管与服务平台建立演出经纪人员资格证管理库。通过演出经纪人员资格考试的人员，应当自合格分数线公布之日起 30 日内通过平台领取演出经纪人员资格证。如个人信息发生变更，应当自变更后 3 个月内通过平台进行信息更新。

第三章　执业规范

第十五条　演出经纪人员应当根据《营业性演出管理条例》《营业性演出管理条例实施细则》以及相关法律法规的规定提供服务。

第十六条　演出经纪人员不得有下列行为：

（一）同时在两个以上单位从业；

（二）出租、出借演出经纪人员资格证；

（三）为含有《营业性演出管理条例》第二十五条禁止内容的演出提供服务；

（四）隐瞒、伪造与演出经纪业务有关的重要事项；

（五）对演出活动进行虚假宣传；

（六）为演员假唱、假演奏提供条件；

（七）其他扰乱演出市场秩序的行为。

第十七条　演出经纪人员应当在演出经纪活动中保障演员合法权益，提醒和督促演员严守法律法规，恪守职业道德，树立良好社会形象。

第十八条　演出经纪人员应当定期完成相应的继续教育，继续教育的内容和规定由文化和旅游部另行制定。

第四章　监督管理

第十九条　演出经纪人员在从业活动中有违反本办法第十六条有关规定的，由县级以上文化和旅游行政部门责令改正；情节严重的，由省级文化和旅游行政部门报文化和旅游部撤销其演出经纪人员资格证。造成损失的，依法承担赔偿责任；构成犯罪的，依法追究刑事责任。

第二十条　文化和旅游部对演出经纪人员实行分级分类管理。

第二十一条　各级文化和旅游行政部门应当加强演出经纪人员队伍建设，开展教育培训，加强信用监管。

第五章　附　则

第二十二条　本办法由文化和旅游部负责解释。

第二十三条　本办法自发布之日起施行，《文化部关于印发〈演出经纪人员管理办法〉的通知》（文市发〔2012〕48 号）同时废止。

7.5　经纪机构管理办法

为规范网络表演经纪机构经营行为，加强网络表演内容源头管理，促进行业健康有序发展，2021 年 8 月 30 日，文旅部发布了《网络表演经纪机构管理办法》（简称"《办法》"）。

《办法》所指的网络表演经纪机构，是指依法从事网络表演经纪活动的经营单位，也就是行业内俗称的"主播经纪机构""MCN 机构"或者"主播公会"。这是有关部门首次将 MCN 机构、主播公会纳入行政管理范畴。

7.5.1　资质要求

《办法》明确要求从事经纪活动的网络表演经纪机构应取得《营业性演出许可证》。未取得《营业性演出许可证》的 MCN 机构应按照《管理办法》的要求，及时向所在地的文化主管部门申请办理。

《办法》中规定了为期 18 个月的缓冲期，即在 2023 年 2 月 28 日以前（包括 2023 年 2 月 28 日），未取得《营业性演出许可证》的网络表演经纪机构从事网络表演的经营活动或经纪活动将不会被视为违反《管理办法》的规定；而自 2023 年 3 月 1 日起，若网络表演经纪机构仍未取得《营业性演出许可证》，其将因违规从事网络表演的经营活动或经纪活动而受到相应的处罚。

7.5.2　内部管理义务

在内部管理方面，《办法》进一步明确并强调了网络表演经纪机构应对网络表演者履行相应的管理义务。

1. 核实网络表演者的身份和年龄

这一规定是人员管理的基础，使机构能够确保表演者与其提供的身份信息一致，避免冒名顶替的情况发生，并在此基础之上履行对表演者的追踪、监管等义务。MCN 机构应当按照《办法》的要求，采取有效的但不限于面谈、视频通话的方式，对于主播的身份予以核实。

值得一提的是，MCN 机构在核实主播身份过程中所收集的信息属于主播的个人信息，因此 MCN 机构处理该等信息时应遵守即将生效的《中华人民共和国个人信息保护法》的规定。MCN 机构在向主播收集其个人信息之前应向其告知该等信息将用于身份核实，同时 MCN 机构也不得超出核实身份这一目的处理主播的个人信息；另外，MCN 机构应采取必要的安全措施，以防止他人未经授权获取主播的个人信息。主播应享有拒绝提供个人信息进行身份核实的权利，但在该等情况下，MCN 机构不得向未经身份核实的主播提供经纪服务。

此外，网络表演经纪机构不得为未满十六周岁的未成年人提供网络表演经纪服务；为十六周岁以上的未成年人提供网络表演经纪服务的，应当对其身份信息进行认证，并经其监护人书面同意。《办法》提出，网络表演经纪机构在征询未成年人监护人的意见时，应当向监护人解释有关网络表演者权利、义务、责任和违约条款并留存相关交流记录。因此，MCN 机构在对主播进行身份核实时应特别注意对年龄的核查；针对未成年人，MCN 机构应及时与其监护人进行沟通并留存相关的沟通记录，若日后双方对于所订立合同的内容存在争议，这一沟通记录也将成为认定争议条款效力的重要凭证。

2. 与网络表演者签订书面协议

《办法》本身并未明确网络表演经纪机构与网络表演者所签订协议的具体类型。在行业实践中，尽管 MCN 机构与主播的合作五花八门，但 MCN 机构与主播之间的协议所涉及法律关系可以概括为委托关系、经纪关系和劳动关系三类。为了避免引发后续不必要的争议和纠纷，MCN 机构在与主播签订协议时应尽量明确合同的性质；在无特殊要求需要考虑的情况下，建议 MCN 机构与主播签署经纪合同，通过约定违约金条款的方式防止主播完成流量积累后另攀他枝从而给 MCN 机构造成巨大损失。

3. 定期开展教育培训

网络表演经纪机构应加强对于签约网络表演者的管理，定期开展政策法规和职业道德培训。MCN 机构在提高主播的业务能力和专业素养的同时，也应重视对于主播合法合规意识的培养，告知主播应该遵守的法律法规和职业道德规范，以避免其直播中出现违法违规的内容，或发生言语粗鄙、行为不端等不当行为；对于粉丝数量较大的主播，MCN 机构应要求主播加强对粉丝群体的引导，以避免出现粉丝恶意扰乱其他主播正常网络表演活动或与其他主播的粉丝争吵、谩骂等情况。

4. 强化对于签约网络表演者的监管和约束

如果网络表演经纪机构发现网络表演者所提供的表演含有违法违规内容，网络表演经纪机构应当及时采取相应的处理措施。网络表演经纪机构对于网络表演者所提供的表演负有审查义务。在此基础上，《办法》还列举了网络表演经纪机构针对违法违规网络表演者应采取的具体处理措施，包括：立即要求网络表演者停止网络表演活动；及时通知网络直播平台等相关网络表演经营单位；对网络表演者的违法违规处理结果、投诉举报处置情况等信息进行记录、保存；根据不同情形采取限制服务、停止合作、提请行业协会进行联合抵制等措施。

另外，针对网络直播市场上主播诱导或诱惑用户实施打赏等消费行为频发的现象，《办法》要求网络表演经纪机构应加强对签约网络表演者的约束，明令禁止网络表演者以语言刺激、不合理特殊对待、承诺返利、线下接触或交往，或者赠送包含违法内容的图片或视频等方式诱导用户进行消费。MCN 机构在对主播开展教育培训时，应明令禁止任何诱导用户消费的行为；在审核主播的表演内容并对主播账号的留言、跟帖、评论等互动环节进行管理时，应重点关注主播是否实施了上述所列举的诱导用户消费的行为。对于诱导用户消费的主播，MCN 机构应当按照《办法》的规定，按照处理违法违规网络表演者的方式对其进行处置。

5. 保障经纪服务质量

为保障网络表演经纪机构所提供的经纪服务的质量，在征求各大网络直播平台和网络表演经纪机构的意见之后，《办法》要求网络表演经纪机构所配备的网络表演经纪人员与所签约网络表演者的人数比例原则上不低于 1∶100，且网络表演经纪人员从事表演经纪活动应依法取得《演出经纪资格证》。

《办法》对于经纪人员与网络表演者人数比例的要求，将对各大 MCN 机构都造成不小的冲击，尤其是签约主播人数较多的大型 MCN 机构。相比于采取一对一，甚至多对一的线下服务模式的传统演出经纪服务机构，在近年来发展迅速的网络表演经纪服务行业，MCN 机构在挖掘、签约大量新人主播后，往往将后续投入的运营资源与主播带来的流量相挂钩，而对于尾部主播不再实质投入运营资源。因此，大多 MCN 机构都采取一对多的线上服务模式，有的甚至是一对上百、上千。

随着《办法》的出台，MCN 机构可以对机构内部从事表演经纪活动的人员开展关于演出市场政策与法律法规和演出经纪事务的系统培训，使本机构配备的持有《演出经纪资格证》的经纪人员数量达到《管理办法》的要求；同时，自查关于签约主播人数的宣传文案，根据实际情况撤换或更新相应文案；对于没有实质活跃度的主播，应着手推进优化流程。

7.5.3 对外运营义务

在对外运营方面，网络表演经纪机构应履行的重点义务如下。

1. 不得组织、制作、营销含有禁止内容的网络表演

根据《办法》的规定，网络直播平台等网络表演经营单位作为内容传播服务的直接提供方，对于向公众提供的网络表演产品负有内容审核义务。《办法》进一步要求网络表演经纪机构对其组织、制作、营销的网络表演以及其所签约的网络表演者进行的网络表演履行内容审核义务。这意味着，如果主播在直播中出现违法违规的情况，网络直播平台与网络表演经纪机构均负有相应责任。网络表演中的禁止内容以及违反内容审核义务的责任条款，如表7-3 所示。

表7-3　网络表演中的禁止内容以及违反内容审核义务的责任条款

基 本 内 容	具 体 内 容
禁止内容	网络表演不得含有以下内容： 反对宪法确定的基本原则的 危害国家统一、主权和领土完整 泄露国家秘密、危害国家安全或者损害国家荣誉和利益的 煽动民族仇恨、民族歧视，侵害民族风俗习惯，伤害民族感情，破坏民族团结 违反宗教政策的 宣扬邪教、迷信的 宣扬淫秽、赌博、暴力或者教唆犯罪的 侮辱或者诽谤他人，侵害他人合法权益的 以偷拍偷录等方式，侵害他人合法权益的. 表演方式恐怖、残忍、暴力、低俗，摧残表演者身心健康的 利用人体缺陷或者以展示人体变异等方式招徕观众的 以虐待动物等方式进行表演的 使用未取得文化行政部门内容审查批准文号或备案编号的网络游戏产品进行网络游戏技法展示或解说的 散布谣言扰乱社会秩序破坏社会稳定的 危害社会公德或者民族优秀文化传统的 有法律、行政法规和国家规定禁止的其他内容的
责任条款	经营性互联网文化单位提供含有本规定第十六条禁止内容的互联网文化产品或者提供未经文化和旅游部批注进口的互联网文化产品的，由县级以上人民政府文化行政部门或者文化市场综合执法机构责令停止提供，没收违法所得并处10000元以上30000元以下罚款，情节严重的，责令停业整顿直至吊销《网络文化经营许可证》，构成犯罪的，依法追究刑事责任。

　　2. 不得诱导消费，不得炒作

　　《办法》除了要求网络表演经纪机构加强对于网络表演者的约束，禁止网络表演者诱导用户打赏、消费之外，还要求网络表演经纪机构自身不得以虚假消费、带头打赏等方式诱导用户在网络直播平台消费，也不得以打赏排名、虚假宣传等方式进行炒作。结合此前国家广播电视总局关于加强网络秀场直播和电商直播管理的通知，如果MCN机构违反上述义务，通过传播低俗内容、有组织炒作、雇佣水军刷礼物等手段，暗示、诱惑或者鼓励用户大额"打赏"，网络直播平台将会对该MCN机构采取列入关注名单、向广播电视主管部门书面报告等处理措施；如果网络直播平台发现MCN机构运营的直播间存在成交量虚高、"打赏"金额大的情形，网络直播平台将会对该等直播间进行重点监看。

案例　《关于规范演出经纪行为加强演员管理促进演出市场健康有序发展的通知》

　　2021年9月29日，文化和旅游部正式发布了《关于规范演出经纪行为加强演员管理促进演出市场健康有序发展的通知》，进一步规范演出经纪行为，压实演出经纪机构责任。该通知作为继《网络表演经纪机构管理办法》之后的又一以经纪机构为监管对象的规范性文件，涵盖了严格演出资质管理、规范演员从业行为、加强演出活动监督、做好粉丝正面引导、共建良好演出生态五个方面的内容。相比于《网络表演经纪机构管理办法》，该通知主要面向演员经纪公司、工作室等传统的演出经纪机构。文化和旅游部接连两次重拳出击的举措表明，无论是新兴的网络表演经纪领域，还是传统的演出经纪领域，都将在未来的一段时间内成为我国文化主管部门的监管重点，系列新规在肃清整个行业、为行业戴上紧箍咒的同时也为规范发展铺设了轨道。

课堂讨论： 直播平台作为直接提供内容传播服务方，按照《网络表演经纪机构管理办法》负有人员管理和内容审核责任，主播在直播中如果出现违法违规情况，试分析除主播以外，哪些机构也需要承担责任。

7.6 本章小结

由于"直播带货"涉及平台、主播和销售商家等不同主体，且各个主体需要承担的责任和义务也不尽相同，因此消费者在权益受损时往往遭遇"找不对门"等难题，增加了维权难度。本章重点介绍了经纪合同的种类、经纪合同的法律问题、经纪人应遵守的相关法律、经纪人管理办法和经纪机构管理办法等知识点。帮助带货主播及其经纪公司在消费者权益保护方面落实主体责任，遵循诚实信用原则。